A
B
C
D
E
F
G
H
I
J
K
L
M
N
O
P
Q
R
S
T
U
V
W
X
Y
Z

DON BOSCO

Nimm ein Buch, mach es auf:
Du kommst auf was drauf.
Lass es sein, mach es zu:
Es gibt keine Ruh.
So ist das eben:
Die Bücher leben!

Wolf Harranth

Christine Neumann Don Bosco

Bücherspaß in der Kita

Bildung fängt im Kindergarten an.

Bibliografische Information der Deutschen Bibliothek

Die Deutsche Bibliothek verzeichnet diese Publikation in der Deutschen Nationalbibliografie; detaillierte bibliografische Daten sind im Internet über http://dnb.ddb.de abrufbar.

1. Auflage 2005 / ISBN 3-7698-1514-9

Umschlag und Layout: Margret Russer
Umschlagfoto: getty images
Fotos Innenteil: S. 34, 92, 105, 119 und Abbildung S. 102/103: Bücherpiraten, Lübeck; S. 17, 47: Katharina Hennecke; S. 57: © Katrin Hage; S. 66: Margit Franz; S. 109: Heinz Hefele
Gedicht S. 2 aus: Hans-Joachim Gelberg (Hrsg.), Überall und neben dir, 1986 Beltz & Gelberg in der Verlagsgruppe Beltz, Weinheim & Basel
Satz: undercover, Augsburg
Produktion: Don Bosco Grafischer Betrieb, Ensdorf

Gedruckt auf umweltfreundlichem Papier

Inhalt

Bücher von Anfang an! 7

1. Bücherspaß und Leseförderung in der Kita 9

Lesen ist mehr als Buchstaben erkennen – Lesekompetenz 9
Warum lesen wir eigentlich? – Motive fürs Lesen 11
Bücher sind ein Teil der Medienvielfalt – Mediennutzung........ 14
Warum brauchen Kinder Bücher? – Ziele der Leseförderung..... 16
Welches Buch für welches Alter? – Leseentwicklung............. 20
Was macht gute Bilderbücher aus? – Qualitätskriterien 25
Grundsätze und Tipps für die Praxis der Leseförderung 29

2. Bücher und Lesen im Alltag.................................... 33

Leseförderung beginnt mit Vorlesen 33
Die Bücherecke im Gruppenraum 39
Bild-Lesebücher als Leseeinstieg 42
Nachschlagewerke für Kinder 45
Bücher für Lesemuffel... 46
Buchausstellungen in der Kita 49

3. Projekte zur Leseförderung 54

Vorlese-Paten 54
Die Kindergarten-Bücherei... 64
Die Kinder-Bestseller-Liste... 71
Book Buddies, die Bücher-Kumpel................................ 73
Bilderbuch-Geschichten in Fremdsprachen 76
Die Wandzeitung im Kindergarten 78

4. Lesen als Special Event 82
Das Bilderbuchkino 82
Buchempfehlungs-Listen 87
Autoren-Lesungen in der Kita 91
Exkursionen rund ums Buch 97
Die eigene Bücherwerkstatt 101

5. Die Dokumentation der Bildungsarbeit 107
Das Image der Kita als professionelle Bildungseinrichtung 107
Wege der Öffentlichkeitsarbeit 110

6. Ein Netzwerk zur Leseförderung 115
Stiftung Lesen 115
Arbeitskreis für Jugendliteratur e.V. 116
Bücherpiraten e.V. 117
Friedrich Bödecker Kreis e.V. 118
Die Bücherei vor Ort 121
Die Buchhandlung vor Ort 122
Kinder- und Jugendbuchverlage 123
Deutschland liest vor 123
Zeitschriften 124
Quergelesen 126

Bücher von Anfang an!

Wissen Sie noch genau, welches Pixi-Buch Sie überall mit hin genommen haben? – Möchten Sie auch mal in einer Mupfel unter den Sternen schlafen und dabö die träurigön Löder des Seele-Fanten hören? – Sie fiebern atemlos mit, wenn Ronjas und Birks Vater sich prügeln? – Und Sie möchten, dass auch die Kinder, die mit Ihnen zusammen sind, den Seele-Fanten kennen und seine traurigen Lieder mögen? Dann sind Sie hier richtig!
In diesem Buch finden Sie Ideen, wie Sie Ihre Begeisterung für Bücher mit Kindern teilen können und viele Vorschläge, wie Lesen mit Kindern zu einem Ausgangspunkt der pädagogischen Arbeit in Ihrem Kindergarten wird. Ich möchte Ihnen Anregungen für Ihren Alltag geben und Sie an längst Gewusstes wieder erinnern. Ich will Ihre Fantasie beflügeln, wohin das Lesen eines Bilderbuchs Sie und die Kinder führen kann, und Ihre Neugier wecken, gemeinsam mit jedem Kind seinen eigenen Weg zum Lesen zu finden. „Bücherspaß in der Kita“ möchte Ihnen Lust machen, die Vielfalt von Kinder- und Jugendliteratur gemeinsam mit Kindern zu entdecken.

Zu diesem Buch

Dieses Buch ist eine Ideensammlung für die Leseförderung im Kindergarten. In keiner Einrichtung wird es möglich sein, alle Ideen umzusetzen. Das ist auch nicht sinnvoll. Wie jedes Fachbuch können Sie es von vorne nach hinten durchlesen, da es aber auf Erfahrungen aus Seminaren beruht, können Sie auch jedes einzelne Kapitel für sich studieren und zwischen den jeweiligen Anregungen hin und herspringen.
Im ersten Kapitel finden Sie eine kurze theoretische Einführung zum Thema Leseförderung. Diese Informationen helfen Ihnen, sich auf Elterngespräche

und Elternabende zu diesem Thema vorzubereiten. Hier werden auch die einzelnen Phasen der Leseentwicklung erläutert, Buchtipps für unterschiedliche Altersstufen und Qualitätskriterien für gute Bilderbücher vorgestellt. Besonders die Grundsätze und praktischen Tipps für die Leseförderung in der Kita möchte ich Ihnen ans Herz legen. Denn zu leicht wird vergessen, dass vor allem die eigene Begeisterung Kinder zum Lesen motiviert.

Die Ideensammlung in den folgenden Kapiteln gliedert sich in 3 Bereiche:

- Ideen rund ums Buch für die tägliche Praxis im Kindergarten wie z. B. regelmäßiges Vorlesen, die die Basis jeder Leseförderung bilden (Kapitel 2),
- Projekte zur Leseförderung, die sich wie ein roter Faden durch Ihre Arbeit ziehen und immer wieder auftauchen wie etwa Vorlese-Patenschaften, die Kindergartenbibliothek oder das Übersetzen von Bilderbuch-Geschichten in Fremdsprachen (Kapitel 3)
- und die Highlights der Leseförderung wie z. B. das Bilderbuch-Kino, Lesungen von Kinderbuchautoren in Ihrer Einrichtung, Exkursionen rund ums Buch oder eine eigene Bücherwerkstatt (Kapitel 4).

Im Anschluss daran gibt es Hinweise, wie Sie Ihre Bildungsarbeit und die Aktivitäten zur Leseförderung durch entsprechende Öffentlichkeitsarbeit begleiten können. In Ihrem Bemühen um die Leseförderung stehen Sie nicht alleine da. Am Ende des Buches gibt es Informationen zu zahlreichen Organisationen, die ein umfassendes Netzwerk für Leseförderung bilden und Sie bei Ihren Aktivitäten vor Ort unterstützen können. Viel Spaß beim Lesen!

Christine Neumann

Dank an Heikes Begeisterung für das Lesen, Martins Lese-Seminar-Erfahrungen und Katjas Computer!

1. Bücherspaß und Leseförderung in der Kita

Lesen ist mehr als Buchstaben erkennen – Lesekompetenz

Lesen ist mehr als das Aneinanderreihen von Buchstaben, die ein Wort ergeben. Das ist schon immer so, aber seit der Diskussion um die PISA-Studie ist der Begriff Lesekompetenz erst in aller Munde. Denn gerade im Bereich Lesekompetenz schneiden die deutschen Schüler viel schlechter ab als die Schüler in vielen anderen Ländern. Und zwar nicht im Lesen an sich – also im Entziffern von Wörtern, sondern bei den höheren Stufen der Lesekompetenz. Denn Lesekompetenz bedeutet noch sehr viel mehr.

Was bedeutet Lesekompetenz?

Wer über Lesekompetenz verfügt, kann nicht nur einzelne Worte entziffern, sondern die Worte zu Sätzen zusammenfügen, um danach den Sinn und die Bedeutung zu erschließen. Lesekompetenz bedeutet auch, das Gelesene nicht nur zu verstehen, sondern in das vorhandene Wissen einzusortieren, es zu bewerten und zu interpretieren. Und schließlich meint Lesekompetenz, aus diesen komplexen Vorgängen auch Nutzen zu ziehen. Diese Fähigkeiten beziehen sich nicht nur auf geschriebene Texte, sondern auch auf Karten, Diagramme, Grafiken oder Bildergeschichten. Eine Kompetenz baut also auf der anderen auf:

5. Stufe: Nutzen für das eigene Handeln aus dem Gelesen ziehen

4. Stufe: Interpretieren und Bewerten der Bedeutung

3. Stufe: Einordnen der Bedeutung in vorhandenes Wissen

2. Stufe: Sinn und Bedeutung der Sätze erschließen

1. Stufe: Buchstaben zu Worten und Worte zu Sätzen machen

Im folgenden Beispiel wird deutlich, was Lesekompetenz beinhaltet. Jeder, der den folgenden Satz liest, stellt sich etwas anderes vor:

Ich habe ein Haus am Meer.

Eigentlich steckt in dem Satz nur die Information, dass ich ein Haus am Meer habe, aber Sie sehen ein bestimmtes Bild vor sich und es wird eine ganze Gedankenkette angestoßen: Sie stellen sich automatisch vor, an welchem Meer das Haus steht: in der Südsee, an der Nordsee, direkt hinter dem Strand oder noch 20 km weit weg. Sie sehen ein großes Haus, eine kleine Strandhütte, ein Strandschloss, es sieht aus wie das Hotel, wo Sie schon mal waren, das Appartement, in dem Sie ihren Urlaub verbracht haben. Je nachdem, wie Sie es sich vorstellen und welche Erfahrungen Sie mit Häusern am Meer haben, ist das Haus aus Holz, aber das ist am Meer unpraktisch, weil es so schnell verwittert, überhaupt muss man am Meer sehr oft Fenster putzen, vor allem wenn das Haus an der Nordsee steht, weil der Wind so oft

von Westen kommt, denn wir leben in Deutschland in der Westwindzone, deshalb möchte ich dort auch kein Haus haben, es ist immer so windig und davon bekomme ich immer Kopfschmerzen …
Irgendwann bekommen Ihre Gedanken eine Eigendynamik, weil das Lesen eines Satzes dazu führt, dass Sie Ihre erlebten Erfahrungen in Bezug zum Inhalt des Satzes stellen. Mit einem solchen Gedankengang beim Lesen eines so kurzen Satz haben Sie schon Lesekompetenz, denn Sie haben gelesen, in das vorhandene Wissen einsortiert (Westwindzone), interpretiert (wie das Haus wohl aussieht), bewertet (häufiges Fenster putzen) und einen Nutzen für sich daraus gezogen (ich will nicht an der Nordsee wohnen).

Es wird deutlich, dass Sie die Lesekompetenz bereits im Kindergarten fördern können, denn auch schon Kinder machen all diese Schritte, wenn Sie einen Satz hören. Es geht bei der Leseförderung im Kindergarten also nicht um das Erlernen von Buchstaben, sondern um die Grundfähigkeiten, die uns helfen, Texte für die eigenen Bedürfnisse zu nutzen.

Warum lesen wir eigentlich? – Motive fürs Lesen

Haben Sie sich schon einmal gefragt, warum Sie eigentlich lesen? Um sich zu bilden? Lesen Sie aus dieser Motivation heraus die großen Werke von Literaturnobelpreisträgern wie Günter Grass, José Saramago oder Albert Camus? Oder haben Sie auch schon mal Harry Potter gelesen, dann und wann einen Krimi von Henning Mankell eingestreut oder einen historischen Roman verschlungen?
Von Kindern verlangt man im Kindergarten oft, sie sollen lesen, um etwas daraus zu lernen. Sehr beliebt bei Erwachsenen sind Bücher darüber, wie müde Lars und Tina abends sind und wie schön das Zu-Bett-Gehen sogar in

der Mittagspause ist, wie toll es ist, aufs Töpfchen zu gehen und dass man teilen muss, um bei anderen beliebt zu sein. Aber wie sieht es beispielsweise mit Ihrer Lust aus, in Büchern zu lesen, dass man zu seinem Chef immer nett „Guten Morgen“ sagt und die Hand artig reicht, verpackt in eine spaßige Geschichte, in der Sie jedem Satz anmerken, dass Ihnen jemand etwas beibringen möchte? Solche Bücher haben sicher wenig Chancen, auf Ihrer privaten Bestenliste zu landen. Aber was bringt Sie denn nun tatsächlich zum Lesen? – Die Medienforschung hat verschiedene Gründe gefunden, warum wir Medien nutzen. Sie lassen sich im Großen und Ganzen in vier Gruppen unterteilen.

1. Was ist los in der Welt, die uns umgibt? – Sachwissen

Sie lesen die Tageszeitung, Zeitschriften, abonnieren den Newsletter mit Nachrichten oder Informationen über das Programm des Theater. Sie lesen Sachbücher über Bildung in der frühen Kindheit, Anleitungen für Experimente mit Kindern oder wie man einen Verein gründet, um die Krippenbetreuung selbst zu organisieren. Es geht um Information, um Sachwissen.

2. Wer bin ich? – Der Vergleich mit anderen

Sie lesen, um sich selbst im Vergleich zu anderen zu sehen. In Biografien beispielsweise erfährt man, wie sich andere Menschen in ähnlichen Situationen verhalten. Aber auch Romane, in denen es um ein Thema geht, welches Sie gerade beschäftigt, zeigen Ihnen, dass Sie nicht alleine in dieser Situation sind. Wenn wir aus diesem Grund lesen, wollen wir entweder Hinweise bekommen, wie wir uns in bestimmten Situationen verhalten sollten, oder wir finden die Bestätigung, dass wir uns genau richtig verhalten haben.

3. Wir wollen mitreden können – Soziale Kommunikation

Natürlich muss man in der Zeitung die neuesten Olympianachrichten lesen, um im Büro mitreden zu können. Auch der neueste Harry Potter ist bei vielen Pflichtprogramm, spätestens aber dann, wenn alle in der Umgebung bekundet haben, dass das Buch ganz toll sei. Irgendwann greift man dann auch selbst zu dem empfohlenen Buch oder fängt wenigstens damit an. Gelesenes bietet Anlass für Gespräche. Da man viele Male am Tag Small-Talk.

4. Wir wollen abschalten – Entspannung

Und dann gibt es natürlich das Lesen vorm Einschlafen, im Bus auf dem Weg zur Arbeit, im Wartezimmer des Arztes: Lesen, um abzuschalten und zur Entspannung. Der historische Roman, in dem man die Zeit vergisst, den Krimi, der so spannend ist, dass man die Station zum Aussteigen verpasst, helfen uns, unseren Alltag zu vergessen und für eine Zeit lang in eine andere Welt abzutauchen.

Alle vier Motive für das Lesen können verschiedentlich miteinander kombiniert sein. Denn Informationen über Olympia sind oft auch Themen, bei denen Sie mitreden möchten, gleichzeitig entspannt Sie das Lesen von Olympianachrichten und dann vergleichen Sie vielleicht noch Ihre Marathon-Zeit mit der des Olympia-Siegers und stellen wahrscheinlich fest, dass Sie noch ein wenig trainieren müssten, um dorthin zu kommen.

Lese-Motivation bei Kindern ernst nehmen

Es ist wichtig, dass Sie sich diese unterschiedlichen Motive für Ihr eigenes Lesen vergegenwärtigen, damit die Kinder in Ihrer Einrichtung nicht nur darüber lesen müssen, wie sie am wohlerzogensten essen. Denn auch Kinder haben all die oben genannten Bedürfnisse:

- Kinder – gerade im Kindergartenalter – saugen Informationen auf. Es gibt vierjährige Dinosaurier-, Trecker-, Wal- oder auch Autowaschanlagen-Experten, die unglaublich viel Informationen gesammelt haben.
- Kinder interessieren sich dafür, wie es anderen im Kindergarten geht und ob andere Kinder ebenfalls solche Dinge erleben wie sie selbst.
- Natürlich gibt es Bücher, die bei Kindern gerade besonders beliebt sind und bei denen Kinder den Drang verspüren, sie ebenfalls zu kennen, damit sie beim Spielen mitreden können.
- Kinder wollen entspannen und sich einfach eine schöne Geschichte anhören.

Auf diese Motivationen für das Lesen müssen Sie bei der Auswahl der Bücher für den Kindergarten Rücksicht nehmen. Es sollte für jede Situation etwas dabei sein.

Bücher sind ein Teil der Medienvielfalt – Mediennutzung

Bücher sind nur ein Medium bzw. ein Zeitvertreib von vielen. Neben Kindergarten, Sportverein, Familienzeit bleibt oft nicht mehr viel Freizeit für Kindergartenkinder. Dazu kommt noch die Qual der Wahl zwischen Buch, Fernsehen, Video, Kino, Hörspiele oder Computer. Noch häufiger aber stellt sich die Frage gar nicht, weil es Gewohnheiten gibt, die die Entscheidung erleichtern bzw. vorweg nehmen. Zum Beispiel kann es in der Familie Tradition sein, immer um 18 Uhr eine Stunde fernzusehen, vor dem Einschlafen vorzulesen, in der Mittagspause ein Hörspiel zu hören. Am Wochenende gibt es ein Video und Ausflüge mit der Familie. Zum Vorlesen kommt es oft dann nicht, wenn es nicht ohnehin zur Routine gehört.

Die bewusste Entscheidung für ein Medium – Mediennutzungskompetenz

Kinder müssen lernen, kompetent mit den ihnen zur Verfügung stehenden Medien umzugehen. Der erste Schritt ist, sich bewusst für ein Medium zu entscheiden. Mediennutzungskompetenz heißt, dass Kinder ihre augenblicklichen Bedürfnisse spüren und sich daraufhin zum Beispiel zwischen Buch und Fernsehen entscheiden können. Diese Fähigkeit erwerben Kinder am ehesten durch das Vorbild der Erwachsenen. Sich bewusst für die Nutzung eines bestimmten Mediums zu entscheiden, fällt auch Erwachsenen oft sehr schwer, weil die Macht der Gewohnheit, am Abend den Fernseher anzuschalten, häufig größer ist als der Impuls, endlich mal wieder ein Buch zu lesen. Machen Sie sich bewusst, dass Sie mit Ihrer Mediennutzung und damit auch mit Ihrem Leseverhalten ein Modell für die Kinder in Ihrer Einrichtung sind.

Lesen Sie immer nur im Stehen zwischen Tür und Angel und mit dem Essen daneben schnell die Zeitung, werden die Kinder kaum den Eindruck gewinnen, dass Lesen etwas ist, was ihnen selbst Spaß bringen könnte. Wenn Sie dagegen sogar in der Mittagspause noch unbedingt ungestört 10 Minuten in Ihrem Roman weiterlesen möchten und die Kinder wissen, dass Sie dabei auf keinen Fall gestört werden dürfen, weil Sie dann ganz schlecht gelaunt sind, bekommt Lesen auch einen Reiz auch für Kinder, die Sie betreuen.

Breites Angebot, Zugänglichkeit und freie Wahl

Kinder können nur dann lernen, sich selbst für ein Buch zu entscheiden, wenn Sie die freie Wahl haben. Stellen Sie die unterschiedlichsten Bücher frei zugänglich zur Verfügung. Jedes Kind sollte bei Ihnen in der Einrichtung ein Lieblingsbuch finden. Das kann alles sein, angefangen vom künstlerisch gestalteten Buch über das Wimmelbuch bis hin zum Buch zum neuesten Disney-Film. Durch die permanente Verfügbarkeit erfahren die Kinder, dass man sich das Buch im Gegensatz zum Film oder zur TV-Serie immer wieder ansehen kann. So kann z.B. die Lieblingsszene aus Wickie im Buch immer wieder und wieder erlebt werden. Kinder entdecken damit den Spaß an Geschichten, der der Grundstein für den Spaß am Lesen ist.

Warum brauchen Kinder Bücher? – Ziele der Leseförderung

Immer wieder werden Sie mit der Frage konfrontiert sein, was Sie in Ihrer Einrichtung für die vorschulische Bildung der Kinder tun. Abgesehen von den konkreten Projekten, Angeboten, Ideen und Erlebnissen aus dem Kindergarten-Alltag möchten viele Eltern auch wissen, aus welcher Motivation heraus dies alles geschieht. Denn Leseförderung an sich ist kein Inhalt oder Ziel, sondern nur eine Methode. Wozu machen Sie denn Leseförderung? Warum ist es Ihnen wichtig, dass Kinder lesen und Bücher wertschätzen? Auf diese Fragen sollten Sie eine Antwort wissen. Das ist nicht nur für Gespräche mit Eltern wichtig, sondern auch für Sie und Ihr Team, um Ihre Projekte im Hinblick auf Leseförderung immer wieder überprüfen zu können.

Lesen ist die Schlüsselkompetenz für den Bildungsweg

Lesen ist die Schlüsselkompetenz im Alltag. Lesen und Lesekompetenz ist in allen Bereichen notwendig. Ohne Lesen ist es in der Schule nicht möglich, sich in den vielen Fächern Kompetenzen anzueignen: Mathematik basiert auf dem Lesen und Verstehen von Aufgaben, im Sachkunde-Unterricht müssen Texte gelesen und verstanden werden, um dem Unterricht folgen zu können, und Liedertexte müssen gelesen werden, um mitsingen zu können. Alle Schulfächer bauen auf der Fähigkeit von Kindern auf, Texte zu lesen,

den Sinngehalt zu erschließen und Nutzen daraus zu ziehen. Mit der Leseförderung in Ihrer Einrichtung legen Sie den Grundstein dafür, dass Kinder diese Fähigkeiten erlernen.

Wenn Sie bei Kindern die Begeisterung für das Lesen wecken, erleben diese, dass Lesen weiterhelfen kann: bei Streits mit der besten Freundin, bei der Durchführung eines Experiments, um sich einmal aus dem Kindergarten-Alltag auszuklinken, um sich die Zeit zu vertreiben, um sich Anregungen zum Basteln zu holen und so weiter. Bücher sind ein fester Bestandteil in ihrem Alltag und das Bedürfnis, Lesen zu lernen, wächst im Laufe der Zeit weiter an, damit nicht immer ein Erwachsener dabei sein muss, um etwas nachzuschlagen. Spätestens mit Beginn der Schulzeit ist der Wunsch, selbst lesen zu können, so groß, dass das Kind ganz von alleine beginnt, Buchstaben zu malen und kennen zu lernen – ohne dass Sie etwas dazu tun! Dann war Ihre Leseförderung erfolgreich. Sie haben es geschafft, dass das Kind sich auf das Lesenlernen freut. Das ist die allerbeste Voraussetzung für den Erfolg in der Schule.

Begeisterung für Bücher, Lesen oder Geschichten ist vielen Erwachsenen als Ziel immer noch zu wenig konkret bzw. zu spaßbetont. Für sie ist Lesen eine Sache, die man erlernen muss, um im Leben bestehen zu können, und daher darf es auch keinen Spaß bringen. In der Kommunikation mit solchen Eltern ist es hilfreich, wenn Sie auflisten können, mit welchen Fähigkeiten die Kinder mit Hilfe Ihrer Leseförderung in die Schule kommen:

- Die Kinder können ein Lexikon benutzen.
- Die Kinder können sich selbstständig Wissen erarbeiten.
- Die Kinder wissen, dass man zum Lesen Buchstaben können muss.
- Die Kinder können Geschichten nacherzählen.
- Die Kinder können eigene Geschichten erzählen.
- Die Kinder haben einen differenzierten Wortschatz.

Lesen unterstützt die gesamte Persönlichkeitsentwicklung

Doch erfolgt Leseförderung im Kindergarten nicht nur im Hinblick auf die schulische Bildung. Vielmehr fördert Lesen viele andere wichtige Fähigkeiten und hilft, die gesamte Persönlichkeit des Kindes zu entfalten. Wichtige Ergebnisse einer guten Leseförderung sind demnach auch:

- Die Kinder können sich selbstständig für Bücher und gegen andere Medien entscheiden (Mediennutzungskompetenz).
- Die Kinder lernen in Geschichten andere Perspektiven kennen und können sich in andere Menschen einfühlen (Sozialkompetenz).

- Die Kinder erleben in Geschichten Fehler anderer Kinder und ziehen daraus Schlüsse für ihr eigenes Handeln (Persönlichkeitsbildung).
- Die Kinder können durch die höhere Sprachkompetenz ihre eigenen Bedürfnisse besser formulieren (Selbstbewusstsein).
- Die Kinder können Bücher für ihre eigenen Bedürfnisse nutzen (Selbstwahrnehmung).

All diese positiven Wirkungen des Lesens können Sie über die Dokumentation Ihrer Arbeit auch vermitteln und so auch die skeptischsten Eltern davon überzeugen, dass Vorschul-Trainingsbögen nicht unbedingt zur Leseförderung gehören, sondern unter Umständen mehr schaden als nützen, weil das stupide Training von Buchstaben die Kinder unterfordert und ihnen deshalb den Spaß am Lesenlernen nimmt.

Regelmäßige Überprüfung der Ziele

Die mit der Leseförderung verbundenen Ziele sollten Ihnen so wichtig sein, dass Sie sich regelmäßig die Zeit nehmen zu überprüfen, ob Sie sie noch erreichen. Häufig passiert es zum Beispiel im Kindergartenalltag, dass die Leseförderung nur noch die Kinder erreicht, in deren Elternhäusern Lesen ohnehin selbstverständlich ist. Die anderen Kinder geraten leicht aus dem Blickfeld. Erinnern Sie sich an diese Kinder und ihre Eltern.
Um Ihre Arbeit zu überprüfen, müssen Sie sie dokumentieren. Machen Sie Fotos, sammeln Sie Arbeiten einzelner Kindern und vor allem führen Sie für jedes Kind ein Beobachtungstagebuch. Darin können Sie festhalten, was sich in den verschiedenen Entwicklungsbereichen verändert hat. Bei der Dokumentation geht es nicht nur um herausragende Ereignisse, sondern auch um den alltägliche Beobachtungen. Die Dokumentation sollte fester Bestandteil Ihrer Arbeit sein.

Welches Buch für welches Alter? – Leseentwicklung

Um Klarheit darüber zu gewinnen, wie Leseförderung im Kindergarten funktionieren kann, ist es notwendig zu wissen, was Kinder in der frühen Kindheit überhaupt schon mit Büchern und Geschichten anfangen können.

0 bis 1 Jahr – Bücher als Spielzeug

Leseförderung beginnt, sobald das Kind anfängt, mit Dingen herumzuspielen. Denn dann kann es auch mit einem Buch spielen und lernt diesen Gegenstand dabei als Teil seiner Umgebung kennen. Die Seiten werden bekaut, abgetastet und nach einiger Zeit auch umgeblättert. Das muss ein Buch natürlich auch aushalten. Aber mittlerweile gibt es ja nicht mehr nur die klassischen Pappbilderbücher, sondern Bücher aus Holz, aus weichem Plastik, hartem Plastik, Stoff, Plüsch … passend für alle Gelegenheiten: in der Badewanne, im Kinderwagen, im Bett, in der Bücherkiste. Dem Beginn der Leseförderung steht also nichts im Wege.

Buchtipps:

„Papp"-Bilderbücher mit großen, bunten einzelnen Gegenständen auf den Seiten. Diese Bücher gibt es aus unzähligen Verlagen mit unterschiedlichen Titeln in allen Buchhandlungen und in Spielwarengeschäften.

1 bis 2 Jahre – Bücher zum Umblättern

Die Kinder erkennen die Gegenstände, die in den Erst-Bilderbüchern abgebildet sind. Dazu kommen einfache Szenen: ein Ball spielendes Mädchen, ein Trecker fahrender Bauer, ein trommelndes Kind usw. Ganz einfachen Geschichten können Kinder jetzt schon zuhören. Der eigene aktive Wortschatz umfasst zwar erst etwa 50 Worte. Der passive Wortschatz ist aber weitaus größer. Beim Bilderbuchlesen steht in dieser Alterstufe das Betrachten der Bilder im Vordergrund, dazu das Benennen von Dingen, die auf den Bildern zu sehen und die das Kind wiedererkennt, sowie das Fragen nach Gegenständen, die noch unbekannt sind.

Buchtipps:

„Friedlich schlafen kleine Drachen", Paul Maar/Annette Swoboda, Oetinger Verlag

„Mausi bei der Feuerwehr", Lucy Cousins, Sauerländer Verlag

„Eins, Zwei, Drei, Tier", Nadia Budde, Peter Hammer Verlag

„Die ganze Welt", Katy Couprie/Antonin Louchard, Gerstenberg-Verlag

„Auf dem Lande", Ali Mitgutsch, Ravensburger

2 bis 3 Jahre – Bilderbücher mit viel Bild und wenig Text

In diesem Alter fangen Kinder an, „richtig" zu sprechen. Sie wollen sich an Gesprächen beteiligen und verstehen sehr viel von den Gesprächen Erwachsener. Das Betrachten und Lesen von Bilderbüchern hat nun eine wichtige Funktion für das Sprechenlernen. Denn angeregt durch das Erzählen der Erwachsenen können die Kinder nachsprechen und beginnen, Begebenheiten aus der Geschichte in ihren eigenen Worten wiederzugeben.

Es wird deutlich, dass jedes Kind andere Bücher bevorzugt. Beteiligen Sie deshalb die Kinder an der Auswahl der Bilderbücher. Bücher sollten als Routine oder Teil des Alltags präsent sein: Vorlesen vor dem Einschlafen oder als Ruhepause in der Mittagszeit. Vor allem sollten Kinder sehen, dass die Eltern und die betreuenden Erwachsenen gerne lesen. Denn das Lernen an Ihrem Vorbild ist immer noch die erfolgreichste und wichtigste Methode, um Kindern Spaß am Lesen zu vermitteln.

Buchtipps:

„Das runde Rot", Katja Kamm, Bajazzo Verlag
„Frag mich!", Antje Damm, Moritz Verlag
„Was sagt der kleine Bär?", Thomas Winding/Ole Könnecke, Beltz & Gelberg
„Kleiner, schrecklicher Drache", Lieve Baeten, Oetinger Verlag
Bücher über „Willi-Wiberg", Gunilla Bergström, Oetinger Verlag
Pixi-Bücher, Carlsen Verlag

3 bis 4 Jahre – Bilderbücher mit komplexeren Geschichten

Inzwischen können die Kinder längere Handlungen nachvollziehen und abstrakte Themen verstehen: Tod, Freundschaft, Trennung, Liebe. Sie übertragen Szenen aus Büchern auf das eigene Leben, unter anderem indem sie die Geschichten aus Büchern nachspielen. Weil Kinder den Inhalt von Geschichten oft mit der Realität verknüpfen, können Bücher auch Angst machen. Es wird deshalb immer wichtiger, dass die Kinder an der Auswahl der Bücher beteiligt sind. Beim Nachspielen der Geschichte erzählen die Kinder die Geschichte in eigenen Worten und erweitern so ihren Wortschatz.
Kinder sollten jetzt die Bücherei in ihrer Umgebung kennen lernen: Welche Bücher gibt es dort? Wie leiht man sich Bücher aus? Welche Veranstaltungen finden statt? etc. Der Besuch in der Bücherei und natürlich auch im Buchladen sollten eine Selbstverständlichkeit sein.

Buchtipps:

„Mama Muh schaukelt", Sven Nordqvist, Oetinger Verlag
„Sophie und das weite Meer", Marie-Louise Gay, Carlsen Verlag
„Ein richtig schöner Tag", Bruno Blume/Jacky Gleich, Carlsen Verlag
„Schreimutter", Jutta Bauer, Beltz & Gelberg

„Linnea geht nur ein bisschen verloren“, Kirsten Boie/Silke Brix-Henker, Oetinger Verlag

„Fritz Frosch“, Birte Müller, Neugebauer Verlag

„Kasimir lässt Frippe machen“, Lars Klinting, Oetinger Verlag

4 bis 5 Jahre – Bilderbücher mit detailreichen Bildern und komplexen Geschichten

In diesem Alter haben die Kinder haben einen aktiven Wortschatz von 8000 Wörtern. Sie beginnen, Informationen als wichtig und unwichtig zu filtern und andere Standpunkte in Geschichten zu verstehen.
Die Vorleseangebote sollten nun eher aus der eigenen Lebenswelt kommen. Spätestens jetzt bekommt das Buch als Unterhaltung Konkurrenz: Die Kinder kennen Filme und das Fernsehen und nehmen sie in ihren Medienmix auf. Wichtig ist daher, die Fähigkeit zu schulen, sich bewusst für das eine oder das andere Medium zu entscheiden – je nachdem welches Bedürfnis man gerade verspürt oder in welcher Situation man ist. Diese Fähigkeit müssen die Erwachsenen in der Umgebung des Kindes natürlich vorleben.

Buchtipps:

„Piraten und andere Grünschnäbel“, Katja Gehrmann, Carlsen Verlag

„Ein kleines Krokodil mit ziemlich viel Gefühl“, Daniela Kulot, Thienemann Verlag

„Cowboy will nicht reiten“, Anke Kuhl, Carlsen Verlag

Pettersson und Findus-Bücher, Sven Nordqvist, Oetinger Verlag

„Ein Wunsch für Rudi“, Angelika Glitz/Annette Swoboda, Thienemann Verlag

„Olivia“, Ian Falconer, Oetinger Verlag

Bücher über Conni, verschiedene Autoren, Carlsen Verlag

5 bis 6 Jahre – Vorlesebücher

Im Vorschulalter haben Kinder nicht mehr nur Interesse am Vorlesen, das Bedürfnis wächst, selbst schreiben zu können. Sie möchten wissen, welcher Buchstabe das ist oder wie man ihren Namen schreibt. Zahlen werden interessant: Wie alt bin ich? Wie schreibt man die Zahl „6“?, Wie viel ist das? Diese Fragen beschäftigen die Kinder.
Bilderbuch-Handlungen reichen nicht mehr aus, um den Wunsch der Kinder nach Geschichten zu stillen. Die Handlungen können sehr viel komplexer sein. Es bieten sich die Erst-Lesebücher mit einzelnen Geschichten an, aber auch viele Romane für Kinder, die in einzelnen Abschnitten vorgelesen werden.

Buchtipps:

„Sein erster Fisch“, Hermann Schulz/Wiebke Oeser, Peter Hammer Verlag
„Kwatsch“, Jon Scieszka/Lane Smith, Carlsen Verlag
„Opas Engel“, Jutta Bauer, Carlsen Verlag
„Millie in Paris“, Dagmar Chidolue, Dressler Verlag
„Urmel aus dem Eis“, Max Kruse, Thienemann Verlag
„Trauriger Tiger toastet Tomaten“, Nadia Budde, Peter Hammer Verlag

6 bis 7 Jahre – Kinderromane

Das Lesenlernen in der Schule beginnt. Trotzdem sollten Sie den Kindern unbedingt weiter vorlesen. Denn Sie verstehen schon wesentlich komplexere Handlungen als „Fu ruft Uta“ und „Uta ruft huhu“. Kinder können sich jetzt selbstständig Bücher aus der Bücherei ausleihen und sich Bücher zum Geburtstag und Weihnachten wünschen. Sorgen Sie dafür, dass Kinder nicht den Spaß am Lesen verlieren.

Buchtipps:

„Eine Woche voller Samstage“, Paul Maar, Oetinger Verlag

Bücher und Musicals von Ritter Rost, Jörg Hilbert/Felix Janosa, Terzio Verlag

„Der große Diercke Kinderatlas“, Achim Bröger/Ulf Zahn/Johann Brandstetter, Arena Verlag

„Alfred der Bär und Samuel der Hund steigen aus dem Pappkarton“, Ragnar Hovland/Peter Schössow, Carlsen Verlag

„Mops und Molly Mendelssohn“, Sabine Ludwig/Sabine Wilharm, Fischer Verlag

„Hilfe, mein Vater ist Pirat“, Wolfram Hänel, Bertelsmann Verlag

Was macht gute Bilderbücher aus? – Qualitätskriterien

Über dieses Thema gibt es umfangreiche Abhandlungen, wissenschaftliche Arbeiten und viele Artikel. Es gibt natürlich bei Büchern keinen Maßstab, der eindeutig festlegt, ob ein Buch gut ist oder nicht. Trotzdem gibt es aber Bücher, die man weniger gut bewertet als andere. Machen Sie sich einmal die Mühe und versuchen Sie zu formulieren, was das weniger gute Buch von dem geschätzten Buch unterscheidet. Selbst das wird schon schwierig – wenn Sie dann versuchen, allgemeine Regeln aufstellen, scheitern Sie wahrscheinlich. Deshalb werden Sie auch hier nur einige allgemeine Hinweise für die Beurteilung eines Buchs finden, die Ihnen Orientierung bieten können.

Über Geschmack lässt sich streiten

Die Sache mit den guten und den schlechten Bilderbüchern ist häufig eine Frage des Geschmacks. Da gibt es sehr unterschiedliche Vorlieben. Stellen Sie den Kindern sehr unterschiedlich gestaltete Bücher zur Verfügung und nehmen Sie es gelassen hin, wenn als Favoriten Titel gewählt werden, die nicht unbedingt zu den Ihren gehören

Text-Bild-Übereinstimmung

Bei der Auswahl eines Bilderbuchs sollten Sie darauf achten, dass der Text und die Illustrationen aufeinander abgestimmt sind und eine Einheit bilden. Für kleine Kinder ist es schwer verständlich, wenn die im Text erwähnten Dinge auf dem Bild nicht wiederzufinden sind. Natürlich kann es auf dem Bild Elemente geben, die nicht im Text erwähnt sind, aber die Handlung muss nachvollziehbar bleiben.

Für Kinder gemacht – oder doch für Erwachsene?

Ein wichtiges Kriterium für gute Bilderbücher ist die kindgerechte Aufbereitung. Es gibt mittlerweile viele Bilderbücher, deren Zielgruppe eher Erwachsene sind. Diesen Büchern fehlen in der Regel zwei elementare Dinge: die Person, mit der das Kind sich identifizieren kann, und der Bezug zum Alltag der Kinder. Natürlich muss nicht jedes Bilderbuch den Kindern die Möglichkeit bieten, sich in ihrem Alltag wiederzufinden. Doch können Sie die Aufmerksamkeit für das Vorlesen nicht für längere Zeit fesseln, wenn Sie zusammen mit dreijährigen Kindern Goethe-Gedichte lesen, seien die Bilder dazu noch so schön. Selbstverständlich kann man Kindern ein zum aktuellen Projektthema passendes Goethe-Gedicht vorlesen. Es kann aber nicht so unkommentiert stehen bleiben wie zum Beispiel ein Buch über „Juli und das Klomonster", in dem es um die Erlebnisse eines Jungen im Kindergarten geht. Denn Probleme des Jungen werden die Kinder schnell nachvollziehen können, weil sie ähnliche Erlebnisse aus ihrem eigenen Alltag kennen. Die Stimmung in einem Gedicht ist aber abstrakter und nicht so leicht zu fassen. Hier bedarf es eines Gesprächs und einer Einbettung in eine längere Beschäftigung der Kinder mit dem Thema, damit das Gedicht den Kindern etwas bedeutet.

Umgekehrt gibt es Bücher, an denen Kinder viel Spaß haben, Erwachsene aber überhaupt nicht. Es gibt einige sehr modern illustrierte Bücher, die Kinder besonders mögen, weil sie sehr fantasievoll sind, die von Erwachsenen aber nicht gekauft werden, weil die Illustrationen bei ihnen weniger ankommen. Achten Sie unbedingt darauf, Kindern auch eine Bandbreite von verschiedenen Illustrationsstilen zu zeigen. Denn Kinder lernen dadurch die Verschiedenheit von Kunst kennen.
Im Alltag merken Sie sehr schnell, was Kindern gefällt und was nicht. Dabei kann es natürlich auch passieren, dass Sie ein Bilderbuch, welches Sie langweilig finden, in der Endlosschleife vorlesen, weil die Kinder es gerade besonders mögen. Vielleicht findet sich ja nach drei Wochen noch eine andere Kollegin, die das Buch noch nicht kennt und einspringt.

Kriterien für kindgerechte Bilderbücher

Die Stiftung Lesen hat eine Auswahl von Fragen entwickelt, die Ihnen zusätzlich zu Ihren Alltagserfahrungen helfen können, ein Bilderbuch zu beurteilen. Vor allem, wenn Sie auch Rezensionen über Bücher schreiben möchten, können die Antworten auf die Fragen die Gliederung für Ihre Bewertung bilden. Denn oft ist es so, dass uns selbst ein Buch gut gefällt, wenn wir aber gefragt werden, warum, fehlen uns oft die Argumente. Die folgenden Fragen unterstützen Sie bei der Auswahl von Büchern und helfen Ihnen, Argumente für eine Buchempfehlung zusammenzutragen.

Checkliste zur Auswahl kindgerechter Bücher

Ist der Inhalt kindgerecht?

- ☐ Bilden Text und Illustrationen eine Einheit?
- ☐ Ist die Geschichte spannend und stimmig?
- ☐ Gibt es in der Geschichte eine/oder mehrere Figuren, mit der sich die Kinder identifizieren können?
- ☐ Erzählt die Geschichte von Interessen, Erfahrungen und Problemen der Kinder?
- ☐ Regt der Inhalt der Geschichte zum Mit- und Weiterdenken an?
- ☐ Lässt die Geschichte Raum für die eigene Fantasie?
- ☐ Sind keine diskriminierenden oder verletzenden Elemente (rassistische, sexuelle, politische oder soziale Elemente) enthalten?

Sind die Illustrationen kindgerecht?

- ☐ Machen die Bilder neugierig auf die Geschichte?
- ☐ Gibt es auf den Bildern etwas zu entdecken?
- ☐ Sprechen die Bilder die Kinder an?
  Das ist natürlich Geschmackssache – aber die Bilder sollten den Kindern keine Angst machen.
- ☐ Finden sich die Charaktere der Figuren auch auf den Bildern wieder? Spiegeln sich die Stimmungen und Gefühle aus der Geschichte in den Bildern?

Checkliste zur Auswahl kindgerechter Bücher

Ist die Sprache kindgerecht?

- ☐ Ist das Bilderbuch in einer zeitgemäßen Sprache geschrieben?
- ☐ Fordert die Sprache des Buchs die Sprache des Kindes? Werden zum Beispiel verschiedene Verben oder Adjektive verwendet?
- ☐ Ist die Sprache lebendig? Gibt es Vergleiche, Metaphern, wörtliche Rede?

Grundsätze und Tipps für die Praxis der Leseförderung

Im Folgenden finden Sie einige kurze Anmerkungen, welche Fallen Sie in der alltäglichen Praxis im Kindergarten vermeiden sollen. Daneben gilt es, ein paar wichtige Grundsätze zu beherzigen, damit ihr Engagement Erfolg hat und die Leseförderung in Ihrer Einrichtung Früchte trägt.

Seien Sie nicht zu aufdringlich!

Vieles was uns Erwachsenen wichtig erscheint, wollen wir Kindern nahe bringen oder noch schlimmer beibringen. Den ganzen Tag ist das Kind umgeben von Erwachsenen, die ihm sagen, was wichtig ist, was sich zu lernen lohnt und was jetzt zu tun ist. Da ist es nur natürlich, dass Kinder irgendwann abschalten und Dinge, die zu aufdringlich „verkauft“ werden, nicht mehr wahrnehmen. Gepaart mit der Erfahrung, dass Dinge, die besonders bemüht schmackhaft gemacht werden, häufig eher unangenehm sind, entwickelt sich Widerstand. Dieser Mechanismus ist nicht nur schade, wenn

es um das Lesen und um Bücher geht, sondern schade auch im Hinblick auf all die anderen Dinge, die es wirklich lohnen, Kindern vorgestellt zu werden.
Laufen Sie nicht hinter den Kindern her, damit jedes von ihnen mindestens dreimal in der Woche vorgelesen bekommt. Manchen Kindern liegt Vorlesen einfach nicht, da nützt es auch nichts zu versprechen: „Wenn du heute beim Vorlesen dabei bist, brauchst du auch nicht aufräumen." Das Vorlesen geht dann wegen des Aufräum-Bonus wahrscheinlich sowieso nur zu einem Ohr rein und zum anderen raus.

Zeigen Sie möglichst viele verschiedene Wege zu Büchern!

Vorlesen ist nicht alles, was Leseförderung ausmacht. In diesem Buch finden sich viele Beispiele dafür, welche Möglichkeiten Bücher für die Projektarbeit bieten. Bücher werden in ihrer gesamten Bandbreite als selbstverständlicher Bestandteil in die pädagogische Arbeit eingebunden. Damit bieten sich den Kindern zahlreiche Möglichkeiten, Bücher für sich zu entdecken: Sachbücher, Bücher mit Gedichten und Sprachspielen, Suchbilderbücher, Geschichten-Bilderbücher, reine Vorlese-Bücher, Lexika und Atlanten. Jeder Zugang ist möglich und wichtig für die Leseförderung, um den Spaß an Büchern zu entdecken und die Motivation anzuregen, sich mit dem Vorgelesenen oder selbst Gelesenem zu beschäftigen.

Beteiligen Sie die Kinder bei der Auswahl der Bücher!

Die Kinder entscheiden mit, welche Bücher vorgelesen oder gekauft werden. Denn eines der wichtigsten Ziele Ihrer Leseförderung ist, dass Kinder sich selbst für Bücher entscheiden, ohne dass Sie etwas dafür tun. Kinder erleben Bücher nur als Teil ihres eigenen Alltags, wenn sie auch die Verantwortung für ihre eigenen Entscheidungen übernehmen. Bekommen die Kinder Bücher fortwährend nur vorgesetzt, können sie nicht erleben, dass ihnen die eigene Entscheidung für ein Buch in ihrem Alltag weiterhilft. Nur durch die eigene Entscheidung für ein Buch bekommen die Kinder die Chance, eigene Lieblingsbücher, -autoren oder -illustratoren zu finden. Geben Sie den Kindern die Chance, Bücher, Geschichten und Bilder zu mögen, die Sie selbst nicht mögen.

Lassen Sie die Kinder Bücher als Teil des Alltags erleben!

Bücher sind einfach da: als Fachbücher für die Erwachsenen, als Nachschlagewerk in der Kindergarten-Bücherei, in der täglichen Vorlese-Stunde, beim Besuch der Eltern in der Bücherei, als Katalog in den Buchvorschauen der Verlage, als Ergänzung zur Fernsehserie, beim Besuch der Book Buddies … Ein Alltag im Kindergarten funktioniert ohne Bücher und Lesen gar nicht. Wenn die Kinder das erleben, erfahren sie ganz nebenbei – ohne allzu bemühte Förderung – dass Bücher einfach dazugehören. So wird Lesen zur Selbstverständlichkeit.

Sie sind das Lese-Vorbild für die Kinder!

Das Wichtigste zum Schluss: Wenn Sie selbst lesen, lesen auch die Kinder, mit denen Sie die Zeit verbringen. Wenn es für Sie selbstverständlich ist, bei Fragen die z.B. beim Ausflug in den Wald auftauchen, im Lexikon nachzuschlagen, werden das auch die Kinder tun. Erleben die Kinder, wie entspannt Sie sind, wenn Sie während der Mittagspause eine halbe Stunde in ihren Roman abgetaucht sind, erfahren die Kinder, dass Lesen entspannen kann. Wenn die Kinder sehen, dass Sie sich mit anderen Erwachsenen angeregt über den neuen Roman Ihres Lieblingsautors austauschen, wird deutlich, dass Bücher ein Teil Ihres Lebens sind und Sie das Lesen wertschätzen. Kinder bekommen diese Haltung mit und werden neugierig, um auch mitreden zu können. Seien Sie sich Ihrer Vorbild-Funktion bewusst. Nutzen Sie vor allem Ihre eigene Begeisterung für Bücher als die einfachste und wirksamste Methode der Leseförderung.

2. Bücher und Lesen im Alltag

Leseförderung beginnt mit Vorlesen

Vorlesen ist natürlich von allen Methoden der aktiven Leseförderung die häufigste, wichtigste und selbstverständlichste. Vorlesen muss zum festen Bestandteil des Alltags gehören, wenn Sie beim Thema Leseförderung ernst genommen werden möchten. Dazu gehört aber nicht nur das Vorlesen im Stuhlkreis, sondern auch das Vorlesen in kleineren Gruppen – nach Bedarf und den Bedürfnissen einzelner Kinder.

Vorlesen im Stuhlkreis

Am häufigsten wird in Kindertageseinrichtungen im Stuhlkreis vorgelesen. Oft ist es fester Bestandteil der Dramaturgie eines Stuhlkreis. Das ist auch wichtig, weil Sie im Stuhlkreis auch Kinder erreichen können, die sich sonst nicht unbedingt fürs Vorlesen entschieden hätten, sondern eher wegen der Lieder mitgekommen sind. Vorlesen vor einer großen Gruppe von Kindern ist aber etwas anderes als in einer kleineren Gruppe von Kindern, die sich alle bewusst für das Vorlesen entschieden haben. Das fängt schon bei der Auswahl der Bücher an. Wegen der größeren Gruppe und der Altersmischung sollten Sie bei der Buchauswahl auf folgende Dinge achten:

- Plakative Bilder (Sven Nordqvist-Illustrationen eignen sich nicht so gut wie beispielsweise die Zeichnungen von Jutta Bauer)
- kurzer Text (Der Text der Sven Nordqvist-Bücher ist z. B. zu lang für den Stuhlkreis.)

- Geschichten, die für eine größere Alterspanne interessant sind (Ein Bilderbuch über den ersten Tag im Kindergarten ist für die fast Fünfjährigen ziemlich langweilig.)
- Geschichten, die für alle leicht verständlich und nachvollziehbar sind

Mit Büchern, die zu lang und deren Bilder zu detailreich sind, ist die Unruhe im Stuhlkreis vorprogrammiert und das Vorlesen bringt niemandem mehr richtig Spaß. Sehr gut für das Vorlesen in einer größeren Gruppe eignen sich zum Beispiel Bücher ohne Text. „Das runde Rot" von Katja Kamm bietet Kindern jeden Alters die Möglichkeit, frei zu den Bildern zu assoziieren. Daraus ergeben sich Gespräche und jeder kann sich mit seiner Geschichte einbringen.

Vorlesen in kleineren Gruppen

In kleineren Gruppe stehen Ihnen alle Bilderbücher offen. Häufig lesen Sie in kleineren Gruppen auf Wunsch einzelner Kinder Bücher vor. Das ist natürlich schön, weil die Aufmerksamkeit für das Buch groß ist und Interesse an Gesprächen besteht. Gehen Sie auf den Gesprächsbedarf der Kinder ein. Wenn Sie feststellen, dass ein Thema die Kinder gerade besonders beschäftigt, sollten Sie das Interesse der Kinder nutzen und ihnen ein anderes Bilderbuch zum Thema vorstellen, das sich aber in einem Punkt von dem bekannten und schon häufig gelesenen Buch unterscheidet: die Art der Illustration, die Perspektive, aus der die Geschichte erzählt ist, oder der Stil des Textes. Bieten Sie den Kindern die Chance, andere Bücher und damit andere Geschichten kennen zu lernen. Vielleicht sucht das Kind in der Geschichte zum Thema Scheidung, seine Gefühle zu ordnen, und findet erst Klarheit, nachdem Sie ein Buch präsentiert haben, das das Thema aus einer anderen Perspektive beleuchtet.

Vorlesen als fester Bestandteil des Kindergarten-Alltags

Vorlesen ist ein fester Bestandteil des Alltags im Kindergarten. Es gehört im Stuhlkreis dazu und es sollte auch selbstverständlich sein, dass Kinder zu Ihnen kommen können, wenn sie ein Buch im kleinen Kreis oder alleine vorgelesen bekommen möchten. Wenn Sie dies aufgrund von Zeitmangel nicht alleine schaffen, sollten Sie sich im Kapitel 3 über die Möglichkeit von Vorlese-Paten informieren und überlegen, wo es in Ihrem Umfeld Menschen gibt, die gerne in ihrer Einrichtung vorlesen würden.

Vorlesen braucht Raum und Zeit

Oft entsteht im Kindergarten aus Zeitnot die folgende Situation: Sie sitzen am Tisch, Lars, Lea und Lena spielen daneben „Obstgarten“ und Leon und Lukas basteln sich einen Drachen. Dann haben Sie noch Lisa auf dem Schoß, der Sie ein Buch vorlesen. Während des Vorlesens erklären Sie ab und an die Spielregeln und helfen beim Ausschneiden. – Es versteht sich von selbst, dass man so eigentlich nicht vorlesen kann. Hier fühlt Lisa sich mit Ihrem Bedürfnis nach einer Geschichte überhaupt nicht ernst genommen. Machen Sie sich klar, dass Sie die unbefriedigende Situation verändern müssen. Übergeben Sie die Verantwortung am Tisch den Kindern, suchen Sie einen anderen Erwachsenen, der Ihren Platz einnehmen kann. Geht das nicht, warten Sie lieber mit dem Vorlesen, als es nebenbei zu machen. Versprechen Sie Lisa, dass Sie ihr die Geschichte vorlesen, wenn es ruhiger ist.
Vorlesen braucht Raum und Zeit. Eine entspannte Atmosphäre, in der Gespräche möglich sind, Ruhe, um sich auf die Geschichte einzulassen und vor allem auch Ruhe, um nicht gegen andere Gespräche anlesen zu müssen. Wählen Sie nach diesen Grundsätzen den Platz fürs Vorlesen. Einige Tipps zum Vorlesen, gibt die Stiftung Lesen ihren Vorlese-Paten mit auf den Weg:

Checkliste Vorlesen

Was ist beim Vorlesen wichtig?

- Haben Sie Spaß am Vorlesen! Dann haben auch die Kinder Spaß am Vorlesen.
- Drücken Sie mit Ihrer Stimme die Stimmungen der Figuren in der Geschichte aus.
  Nutzen Sie auch die verschiedenen Lautstärken Ihrer Stimme von Flüstern bis Rufen, von schnell sprechen bis ganz langsam, stotternd usw.
- Machen Sie Pausen. Das erhöht die Spannung und die Aufmerksamkeit der Zuhörer.
- Nehmen Sie Blickkontakt mit den Kindern auf, damit diese sich angesprochen fühlen bzw. damit Sie mitbekommen, ob sie Ihnen noch zuhören.
- Beziehen Sie die Kinder in die Geschichte ein: Sprechen Sie über die Geschichte.
- Wenn Sie merken, dass die Geschichte für die Kinder zu lang ist, lesen Sie nicht unbedingt bis zum Ende vor, sondern erzählen Sie den Schluss verkürzt in eigenen Worten.
- Variieren Sie Geschichten – wechseln Sie zwischen Erzählen und Vorlesen. Aber merken bzw. notieren Sie sich Ihre Variationen für das nächste Mal! Es kann gut sein, dass Sie die Geschichte beim nächsten Mal wieder in der Variation vorlesen sollen.

A B C D E F G H I J K L M N O P Q R S T U V W X Y Z

Checkliste Vorlesen

- Sprechen Sie anschließend mit den Kindern über das Vorgelesene. Stellen Sie den Bezug zum Alltag der Kinder her. Dieses Gespräch bildet den Abschluss der Vorleserunde.

In welcher Umgebung sollte vorgelesen werden?

- Länger als ca. 20 Minuten reine Vorlesezeit sollten Sie nicht einplanen, damit noch Zeit und Konzentration für Gespräche über die Geschichte bleibt.
- Die Altersunterschiede in der Gruppe sollten nicht zu groß sein.
- Halten Sie Vorlesestunden zu verschiedenen Themen: Ferien, Herbst, Fußball, Märchen …
- Passen Sie die Atmosphäre und die Beleuchtung des Raums der Stimmung der Geschichte an. Zum Beispiel eine Sommergeschichte bei offenem Fenster oder draußen, eine Geschichte zum Einschlafen dagegen bei gedämpftem Licht und mit Kuscheldecke.
- Inszenieren Sie auch einmal eine Vorlesestunde: Bringen Sie Utensilien aus der Geschichte mit, ziehen Sie sich ein Burgfräulein-Kostüm an, schaffen Sie durch Stoffe eine besondere Atmosphäre.
- Lesen Sie nur solche Bücher vor, die Sie vorher schon einmal für sich gelesen haben, damit Sie den Text bereits kennen und Sie auch entsprechend den Erfordernissen der Geschichte vorlesen können.

Buchtipps Vorleseklassiker

Für 3–5-Jährige

„Wo die wilden Kerle wohnen", Maurice Sendak, Diogenes Verlag
„Die dumme Augustine", Otfried Preußler, Thienemann Verlag
„Kein Tag für Juli", Kirsten Boie, Beltz & Gelberg Verlag

Für 5–6-Jährige

„Das Traumfresserchen", Michael Ende, Thienemann Verlag
„Michel aus Lönneberga", Astrid Lindgren, Oetinger Verlag

Für 6–7-Jährige

„Ein Bär mit Namen Paddington", Michael Bond, Hanser Verlag

Für 7–8-Jährige

„Jim Knopf und Lukas, der Lokomotivführer", Michael Ende, Thienemann Verlag
„Der Leuchtturm auf den Hummerklippen", James Krüss, Carlsen Verlag
„Emil und die Detektive", Erich Kästner, Dressler Verlag

Die Bücherecke im Gruppenraum

Bilder- und Vorlesebücher in ausreichender Zahl und Qualität gehören selbstverständlich zur Grundausstattung jedes Kindergartens. Die Bücher müssen für Kinder genauso zugänglich sein wie zum Beispiel die Bauklötze.

Ausstattung der Bücherecke

Der Bereich, der in der Kita für die Bücher vorgesehen ist, muss so ausgestattet und eingerichtet sein, dass ein ruhiges Sitzen und Betrachten von Büchern möglich ist. Er sollte Platz für kleinere Gruppen von Kindern sein und möglichst auch für mehrere Gruppen gleichzeitig.

Vielfältiges Angebot

Das Buchangebot muss ausreichend und vielfältig sein. Hier kommt es weniger auf die Anzahl als auf eine gute Auswahl an. Sie können noch so viele Bücher haben, wenn es in allen um den Alltag im Kindergarten geht, sind auch 200 nicht genug. Haben Sie aber 25 Bücher für die Kinder griffbereit stehen, die Sie mit Sorgfalt ausgewählt haben, so dass sie eine Bandbreite von Themen und Illustrationen abdecken, reichen auch diese. Die Bilderbücher sollten von Zeit zu Zeit ausgewechselt werden, um den Kindern immer wieder neue Anregungen zu bieten.

Sorgsamer Umgang

Im Kindergarten sollten Sie die Kinder zu einem sorgsamen und pfleglichen Umgang mit den Büchern anhalten. Sie können durchaus vermitteln, dass Bilderbücher, an denen alle Freude haben wollen, nicht unbedingt so aussehen sollten, als hätten sie schon 50 Kinder als ihr Lieblingsbuch überall mit hingenommen. Natürlich wird es immer wieder Bücher geben, in die hineingemalt wurde, deren Seiten schon geklebt sind und bei denen es beim Blättern knistert. Aber das geht eben nicht mit allen Büchern – weil die Bücher aus der Kindergarten-Bücherei kommen, die Bücher geliehen sind, weil Sie sich das Buch nicht noch einmal leisten können, weil es das Buch nicht noch einmal zu kaufen gibt, weil Sie es für die Gestaltung von Projekten nutzen möchten usw. Behandeln Sie Bücher wie die anderen Spielzeuge im Kindergarten als etwas, was zum Alltag gehört und gepflegt werden sollte.

In der folgenden Checkliste finden Sie eine Auflistung von Themen, die für Kinder relevant sind und zu denen Sie Bücher bereithalten sollten.

Checkliste Themenauswahl

☐ **Familienbücher:**
Geschwister, Konflikte mit Eltern, Familienalltag, Großeltern

☐ **Bücher über den Alltag von Kindern:**
Tagesablauf im Kindergarten, Freundschaft mit anderen Kindern, Konflikte mit älteren Kindern oder Erwachsenen, Alltag von anderen Kindern

☐ **Bücher ohne Worte:**
Geschichten ohne Worte, Wimmelbücher, Such-Bilderbücher

☐ **Zusammenleben mit anderen:**
Anders-Sein, Toleranz, Konfliktlösungen

☐ **Abenteuer:**
Reisen ins Weltall, Reisen, Fliegen

☐ **Lustige Bücher:**
Sprachspiele, Reimspiele, überraschende Pointen und Wendungen, skurrile und witzige Geschichten über Kinder und ihren Alltag

☐ **Bücher zum Tages- und Jahresablauf:**
Gute-Nacht-Geschichten, Geburtstag, Weihnachten, Urlaub/Ferien

☐ **Bücher über die eigene Identität:**
Eigene Stimmungen, Rollenbilder, eigene Verantwortung, der eigene Körper

☐ **Freundschaft:**
Sympathie, Liebe, Trennung, Streit, Eifersucht, Versöhnung

A B C D E F G H I J K L M N O P Q R S T U V W X Y Z

Checkliste Themenauswahl

- ☐ Philosophisches und Religiöses:
  Fragen, Tod, Schöpfung, nacherzählte Geschichten aus der Bibel
- ☐ Märchenbücher:
  Klassiker, neu erzählte Märchen
- ☐ Sachbücher:
  Lexika, Kunst, Naturwissenschaften, Dinosaurier, Feuerwehr, Piraten, Mittelalter, Musik
- ☐ Bücher zu Fernsehserien:
  Wickie, Disney-Filme, Making-of-Bücher

Bild-Lesebücher als Leseeinstieg

Vor dem eigentlichen Lesenlernen kommt das Verständnis dafür, dass es für einen Begriff ein Symbol gibt. Denn jedes Wort ist letztlich nur ein Symbol für einen Begriff mit einer bestimmten Bedeutung. Dass das Wort „Buch“ so aussieht, wie es hier steht, ist im Grunde nur eine Vereinbarung darüber, dass es aus eben diesen Buchstaben gebildet wird. Diese Buchstaben-Kombination steht nach unserem Verständnis für ein Ding, in dem man Seiten umblättert, auf denen noch mehr Buchstaben-Bedeutungen stehen.

Vom konkreten Bild über das Symbol zum Wort

Um diese Symbolsprache kennen zu lernen, bieten sich Bücher an, in deren Text Wörter durch Bilder ersetzt werden. Statt dem Satz „Peter spielt mit dem Ball“ wird in diesen Büchern der Name Peter durch ein Bild von Peter und der Ball durch ein Bild eines Balls ersetzt. Ein Beispiel für ein solches Buch ist „Teddy Tatze feiert Geburtstag“. In diesem Buch wird die Geschichte von der Geburtstagsfeier mit vielen kleinen Bilder im Text erzählt. Die Kinder können mitlesen, in dem sie selbst das „Vorlesen“ der Bilder übernehmen. Um den Einsatz nicht zu verpassen, verfolgen sie den Fluss der Geschichte, der beim Lesen entsteht. Die Tätigkeit Lesen wird so ganz selbstverständlich.

Geschichten schreiben mit eigenen Symbolen

Aus dem Lesen solcher Texte ergibt sich auch die Möglichkeit, selbst eine Geschichte zu schreiben. Die Kinder können für bestimmte Begriffe und Wörter eigene Symbole entwerfen, die in einen geschriebenen Text eingefügt werden. So können auch Kinder bevor sie lesen und schreiben können, einen wesentlichen Teil der Geschichte selbst verfassen und es entstehen ganz eigene „Kinderbücher“.

Kinder tauschen sich über Sprache aus

Bei der Festlegung eindeutiger Symbole beschäftigen sich die Kinder intensiv mit Sprache und einzelnen Worten. Das kann auch zu Auseinandersetzungen führen und macht deutlich, dass die Buchstaben durchaus ein gutes Mittel sind, um Bedeutungen klar zum Ausdruck zu bringen. Schwierig ist es zum Beispiel, für Verben eindeutige Bilder zu finden. Das Bild eines laufenden Hunds kann einen ganz unterschiedlichen Sinngehalt transportieren: schnell laufen, gehen, suchen, jagen, wegrennen usw. Unter den Kinder kann so ein Austausch über Wörter und Sprachen entstehen.

Bild-Bilderbücher für fremdsprachige Kinder

Sehr gut eignen sich die Bild-Bilderbücher auch für Kinder, die Deutsch lernen. Denn die Kinder können die Begriffe zunächst in ihrer Muttersprache benennen und anschließend die deutsche Übersetzung lernen. Auf diese Weise können sich die Kinder gegenseitig ihre Muttersprache vorstellen.

Abbildung aus: Maria Seidemann, Kunterbunte ABC-Geschichten. Illustriert von Carola Holland, © 2000 by Edition Bücherbär im Arena Verlag GmbH, Würzburg

Nachschlagewerke für Kinder

Vorlesen und Leseförderung ist zunächst einmal immer mit dem Lesen und Vorlesen von literarischen, also erzählenden Büchern verbunden. Leseförderung schließt aber auch ein, dass Kinder erleben, dass Bücher ihnen nicht nur mit Geschichten, sondern auch mit Wissen weiterhelfen können. Wenn in Geschichten Fragen offen bleiben, wenn man etwas bauen möchte oder wenn man sich die Spielregel zu einem Spiel aneignen will, immer wieder ergeben sich Situationen, in denen gelesen wird.
Das Nachlesen, um eine Antwort auf Fragen zu erhalten, sollte in der Kita eine Selbstverständlichkeit sein, denn so leben Sie den Kindern vor, das Bücher und Lesen in ganz konkreten Situationen weiterhelfen können. Durch Ihr Vorbild werden es die Kinder als erstrebenswert betrachten, selbst lesen zu können, um wie die Großen Dinge nachzuschlagen, ohne darauf angewiesen zu sein, dass ein Erwachsener die Information vorliest.

Checkliste Nachschlagewerke

- ☐ Allgemeines Lexikon
- ☐ Sammlung von Sachbüchern zu verschiedenen Themen, die Kinder interessieren
- ☐ Bücher zum Experimentieren und Forschen
- ☐ Lexikon über Kunst
- ☐ Lexikon über Musik
- ☐ Lexikon über technische Geräte und Abläufe
- ☐ Vogel-, Pflanzen- und Tierbestimmungsbücher

Buchtipps:

Für Kinder von 2–6 Jahren
„Ich bin ein Wissenschaftler", Experimente für 5–6-jährige Kinder, Christoph Gießler, Moses Verlag
„Der Mikrokosmos – für Kinder erklärt", Oliver Meckes/Nicole Ottawa, Gruner & Jahr Verlag (Geolino)
„Wieso? Weshalb? Warum? Experimentieren und Entdecken" und andere Titel aus der Reihe, Angela Weinhold, Ravensburger Verlag

Für 4-6-jährige Kinder
„Löwenzahn Kinder Lexikon", Axel Juncker Verlag

Für Kinder im Grundschulalter
„Der Kinderbrockhaus", Marcus Würmli, Brockhaus Verlag

Für Kinder ab 5 Jahren und für Erwachsene
Die Reihe „Das visuelle Lexikon" aus dem Gerstenberg Verlag

Je nach Thema für unterschiedliche Altersgruppen
Die Klassiker Reihe „Was ist was" aus dem Tessloff Verlag

Bücher für Lesemuffel

Immer wieder scheint es Kinder zu geben, die niemals freiwillig ein Buch in die Hand nehmen würden. Weder liegt ihnen das Vorlesen, noch ist das Anschauen von Bilderbüchern ihre Sache. Doch finden sich in der Vielfalt des Buchmarkts durchaus Bücher, die auch solche Kinder begeistern können. Gerade bei Kindern, denen das Lesen nicht so viel Spaß zu bringen scheint, heißt es aufzupassen, dass man die Lust zum Buch nicht durch zu viel Überredungskünste im Keim erstickt. Laufen Sie andauernd mit Büchern hinter den Kindern her, erwecken Sie den Eindruck, als wollten Sie etwas Unangenehmes schmackhaft machen. Anstatt Freude am Lesen und an Büchern zu fördern, bewirken Sie möglicherweise eher das Gegenteil.

Wimmel- und Suchbilderbücher

Fast jeder kennt die Klassiker der Wimmelbücher von Ali Mitgutsch. Stundenlang kann man auf die Bilder starren und entdeckt immer neue Details und kleine Szenen auf dem Bauernhof, auf der Baustelle oder im Urlaub. Daneben gibt es ähnliche detailreiche Bilderbücher, bei denen das Kind zusätzlich auf jeder Seite einen Suchauftrag bekommt. „Wo ist Walter?“ ist das bekannteste Beispiel für diese Gattung. Sehr schön – gerade für die etwas Älteren – ist auch der Titel „Parkstraße 13“, in der mit Hilfe der Bilder viele, viele Geschichten erzählt werden, die auf jeder neuen Seite fortgesetzt werden. Kinder, die nicht gleich ein ganzes Buch betrachten wollen, können sich bei diesen Büchern die Geschichte ganz nach ihrem Geschmack aussuchen und die Länge dem eigenen Bedarf anpassen, ganz gleich, ob sie Lust auf eine Seite oder auf ein ganzes Buch haben. Denn in diesen Büchern ohne Text steht meist auch ein Bild für sich alleine und braucht nicht unbedingt alle anderen Bilder. Andererseits machen die Geschichten in Wimmelbüchern auch Lust auf andere Geschichten. Vor allem erleben die Kinder aber, dass es auch Bücher gibt, die ihnen gefallen, und geben nicht das Thema Buch als prinzipiell uninteressant auf.

Buchtipps:

„Auf dem Lande", Ali Mitgutsch, Ravensburger Verlag
„Das Winter-Wimmelbuch", Rotraut Susanne Berger, Gerstenberg Verlag
„Wo ist Walter jetzt?", Martin Handford, Sauerländer Verlag
„Die Geschichte einer Straße", Steve Noon/Anne Millard, Bibliografisches Institut Mannheim

Bücher zu anderen Medien

Oft werden sie mit Skepsis beäugt: die Bücher, die zur Fernsehserie, zur Hörkassette, zum Film erscheinen. Sie werden als „Produkte zum Geld verdienen" eingeschätzt und abgewertet. Es kann aber gerade bei Filmen sehr hilfreich sein, mit Hilfe des Buches zum Film noch einmal über die Handlung zu sprechen. Die Kinder können nachfragen, sich bestimmte Szenen in Erinnerung rufen und sie sich noch einmal in ihrem eigenen Tempo ansehen. Vor allem bieten die Bücher die reizvolle Möglichkeit, Geschichten anzusehen, die man schon aus dem Fernsehen kennt. Das macht sie attraktiver für Kinder, die sonst eher nicht lesen. Schon auf dem Cover lacht ihnen Wickie, die sie aus dem Fernsehen kennen, entgegen, und das Buch verspricht eine neue Geschichte. Warum also nicht einmal darin lesen?

In jedem Buch finden sich Anknüpfungspunkte für andere Themen und Bücher, seien es die Wikinger, die Seefahrt, Schiffe oder Nordskandinavien, um nur die offensichtlichsten zu nennen. Aus einer Fernsehserie oder einem Film können ganze Projekte entstehen, während denen dann natürlich auch andere Bücher gelesen werden.

Sachbücher

Es gibt viele Erwachsene, die niemals einen Roman lesen, aber unzählige Sachbücher. Dieses Phänomen kann man auch bei Kindern beobachten. Solche Kinder sprechen literarische Geschichten von anderen Menschen vielleicht einfach nicht an, sehr wohl aber ein Buch über das Leben im Mittelalter. Sie kennen alle „Was-ist-was?"-Bände, Lexika-Einträge und verfügbaren Sachbücher zum Thema Ritter. Sie können Ihnen mehr über Ritter erzählen, als Sie jemals wussten oder wissen wollten. Oft denken sich diese Kinder sehr kreative eigene Geschichten mit Rittern aus und haben fantastische Vorstellungen darüber, was sie selbst als Ritter machen würden. Vorlesen beschränkt sich dann nicht auf Geschichten, sondern schließt die informativen Texte in Sachbüchern ein. Bieten Sie doch einfach mal eine Vorleserunde aus einem Sachbuch an und seien Sie gespannt, wer sich bei dieser Vorlese-Runde einfindet!

Buchausstellungen in der Kita

In Buchausstellungen präsentieren Sie Bücher unter einem thematischen Aspekt. Die Buchausstellung in der Kita bietet den Kindern oder den Eltern einen Überblick über ein bestimmtes Themengebiet und sie können diejenigen Titel vorstellen, die Sie in der Einrichtung dazu lesen werden.

Mit einer Buchausstellung demonstrieren Sie auch Ihre Kompetenz in Sachen Leseförderung. Wenn Sie zeigen, was sich aus dem Lesen von Büchern ergibt und wozu Lesen bei den Kindern führt, werden sich die Eltern ebenfalls für das gemeinsame Lesen mit Kindern begeistern.
Es gibt verschiedene Anlässe für eine Buchausstellung, die sich aus dem Alltag in Ihrer Einrichtung ergeben, sei es ein bestimmtes Projektthema oder beispielsweise Bücher rund um Weihnachten. Die Buchausstellung kann sich entweder an Kinder oder an Erwachsene richten und entsprechend gestaltet werden.

Thematische Buchausstellung für die Kinder

Um ein neues Projektthema vorzustellen und die Kinder im Vorfeld darauf einzustimmen, bietet es sich an, eine Auswahl von Büchern zum Thema in der ganzen Bandbreite zusammenzustellen. Für jeden Bedarf sollte etwas dabei sein: Sachbücher, Geschichten zum Thema, Wimmelbücher, Pappbilderbücher, Vorlesebücher. Die Kinder können sich anhand der Büchern ein Bild von dem Thema machen und sich überlegen, welcher Bereich sie besonders interessiert. Sie selbst werden schnell Rückmeldungen von den Kindern bekommen, wohin Sie das Projekt zunächst führt, und bei der Vorstellung des Projektthemas in der Gruppe wissen die Kinder bereits, worum es geht. Die Entscheidung, in welcher Form sie bei Experimenten, Kunstprojekten oder Teams mitarbeiten möchten, fällt den Kindern auf diese Weise viel leichter. Die Buchausstellung kann im Verlauf des Projekts langsam übergehen in die Dokumentation des Projekts, wobei einige Bücher weggenommen und stattdessen die Ergebnisse der Kinder präsentiert werden.

Ausstellungen für Erwachsene

Dokumentation der Leseförderung

Um den Eltern zu präsentieren, was im Kindergarten aus dem Lesen eines bestimmten Buchs entstanden ist, stellen Sie das Buch als Ausgangspunkt in das Zentrum Ihrer Ausstellung. Ausgehend von der Geschichte des Buchs zeigen Sie, was die Kinder dazu erzählt, gebastelt, gespielt, gesungen, gedichtet, gemalt oder auf andere Art und Weise geschaffen haben. Nutzen Sie möglichst viele verschiedene Medien: Fotos, aufgeschriebene Texte, die gemalten Bilder, entstandene Collagen, Skulpturen, Ausgangsmaterialien für Bastelideen – alles, was im Zusammenhang mit der Geschichte steht, findet Platz. Sie können auch deutlich machen, zu welchen angrenzenden Themen die Geschichte Sie und die Kinder geführt hat. Bei der Gestaltung der Ausstellung sollten Sie die Kinder einbeziehen, denn manchmal sind ihnen andere Aspekte wichtiger als das von uns vorgesehene. Bei der Präsentation der Objekte ist zu berücksichtigen, dass auch die Kinder die Ausstellung sehen möchten, stellen Sie also einen Stuhl oder Tritt bereit, damit die Kinder hinaufklettern können.

Informationen und Anregungen für die Eltern

Mit Hilfe einer Ausstellung können Sie die Eltern über alle Themen informieren, die im Zusammenhang mit der Arbeit im Kindergarten stehen oder allgemein Erziehungsfragen betreffen. Das können sowohl jahreszeitliche Bastelbücher oder Bücher zu einem bestimmten Thema, Ratgeber für den Einstieg in den Kindergarten oder für den Übergang in die Schule sein.
Wenn Sie die Eltern über ein in der Kita geplantes Projekt informieren wollen, skizzieren Sie, soweit es zu dem Zeitpunkt schon geht, welche Aktivitäten Sie mit den Kindern vorhaben. Begleitend dazu bietet es sich an, Lesetipps

für zu Hause geben und entsprechende Titel auf einem Büchertisch zu präsentieren: Bilderbücher, Vorlesebücher, Sachbücher zum Thema des Projekts, Bastelbücher bis hin zum Elternratgeber. Wenn Sie nicht alle Bücher in der Einrichtung zeigen können, sind auch Listen mit Buchempfehlungen eine wertvolle Hilfe für die Eltern. Anschaulicher ist es jedoch, wenn man sich anhand des Buches einen Überblick verschaffen kann. Um eine größere Auswahl anbieten zu können, ist es empfehlenswert, den Büchertisch zusammen mit einer öffentlichen Bücherei oder einer Buchhandlung zu gestalten. Die Bücherei oder die Buchhandlung wiederum kann das Thema ebenfalls aufgreifen und passende Titel in ihr Sortiment aufnehmen, um Kinder und Eltern mit entsprechendem Lesefutter zu versorgen.

Buchempfehlungen als Service für die Eltern

Bei dieser Art von Buchausstellung geht es nicht um bestimmte Themen aus der Kita-Arbeit, sondern als Empfehlungen für eine bestimmte Altersgruppe oder für bestimmte Anlässe, beispielsweise Geschenktipps. Vor allem vor Weihnachten sind die meisten Eltern dankbar für solche Empfehlungen und die Möglichkeit, sich in aller Ruhe einen Überblick über Klassiker und aktuelle Buchproduktionen verschaffen zu können. Sdi erleichtern den Eltern die Entscheidung vor dem Buchkauf, wenn Sie die Buchpräsentation mit weiteren Informationen ergänzen. Sammeln Sie zum Beispiel Zitate von Kindern über die Bücher, beschreiben Sie die Situationen, in denen die Bücher besonders ankamen und erweitern Sie zu solchen Anlässen Ihre Tipps um Bücher für ältere Geschwister und auch für Erwachsene. So zeigen Sie darüber hinaus, dass Sie sich mit Büchern auskennen und dass bei Ihnen nicht nur die Kinder lesen.

Denkbar sind solche Ausstellung natürlich auch zu anderen Anlässen, wie etwa die Einschulung, Buchmessen oder zu Geburtstagen. Auch hier ist eine Kooperation mit dem Buchhandel sinnvoll. In der Regel sind die Buchhandlugen zu diesen Zeiten ohnehin gut mit entsprechenden Titeln bestückt.

Checkliste Buchausstellung

- Machen Sie die Buchausstellung zu einem festen Bestandteil Ihres Angebots.
- Zeigen Sie, in welchen unterschiedlichen Situationen Bücher bei Ihnen zum Einsatz kommen.
- Sammeln Sie kontinuierlich Material, das mit Büchern zu tun hat: Bastelarbeiten, Zitate von Kindern über Bücher, Fotos von Kindern, die Situationen aus Büchern nachspielen. So haben Sie immer Material für Ihre Ausstellungen.
- Lesen Sie regelmäßig Bilder- und Kinderbücher und lassen Sie jede Mitarbeiterin regelmäßig ein Buch rezensieren. So haben Sie bald eine Fundgrube mit Rezensionen.
- Kooperieren Sie mit den örtlichen Buchhandlungen, der öffentlichen Bücherei und den Verlagen.
- Empfehlen Sie Bücher nur dann, wenn Sie wirklich von Ihnen überzeugt sind. Rufen Sie sich vor einer Empfehlung die Kriterien für gute Kinderbücher ins Gedächtnis (siehe Seite 25 ff.), denn bisweilen werden die Eltern Sie danach fragen, warum Sie gerade dieses Buch empfehlen.

3. Projekte zur Leseförderung

Vorlese-Paten

Vorlesen braucht vor allem Zeit und Ruhe. Als Erzieherin finden Sie diese im Kindergarten-Alltag nicht immer. Damit das Vorlesen trotzdem nicht zu kurz kommt, können Sie sich um einen so genannten Vorlese-Paten für Ihren Kindergarten bemühen. Vorlese-Paten kommen regelmäßig in die Kindertageseinrichtung, um den Kindern vorzulesen. Vielen Menschen macht das Vorlesen soviel Spaß, dass sie bereit sind, dies ehrenamtlich und regelmäßig zu tun. Die Stiftung Lesen fördert dieses ehrenamtliche Engagement schon seit Jahren durch Öffentlichkeitsarbeit, Vorlese-Seminare und den Vorlese-Club. Bei den Seminaren erhalten die Vorlese-Paten eine Einführung in das Vorlesen, Buchempfehlungen und Tipps, was beim Vorlesen in einer Kindergruppe zu beachten ist.
Wenn Sie auch einen oder mehrere Vorlese-Paten für Ihre Einrichtung möchten, müssen Sie sich in der Regel selbst auf die Suche machen, denn selten gibt es eine Vermittlungsbörse vor Ort, an die Sie sich wenden können, um einen Bedarf anzumelden. Häufiger gibt es aber so genannte Freiwilligen-Agenturen. Das könnte eine erste Anlaufstelle sein, um einen Vorlese-Paten zu finden.

Wen suchen Sie? – Die Ausschreibung

Als erster Schritt ist es notwendig, eine Ausschreibung oder Stellenbeschreibung zu formulieren. Was sich zunächst übertrieben anhört, ist aber sehr wichtig. Ehrenamtliche möchten sehr genau wissen, was auf sie zukommt.

Denn für viele ist die Vorlese-Situation in einem Kindergarten neu und einige konkrete Angaben in einer Ausschreibung helfen, die Unsicherheit zu nehmen. Sie sollten wie in einer richtigen Ausschreibung kurz Ihre Einrichtung vorstellen, erklären, warum Sie einen Vorlese-Paten möchten, was Sie sich erhoffen und wie Sie den Paten betreuen können. Nicht zu vergessen: Der feste Ansprechpartner mit Telefon-Nummer. Denn schwierig ist es, wenn jemand auf Ihre Ausschreibung hin in der Einrichtung anruft und die Kollegin möglicherweise nicht über Ihre Suche nach einem Vorlese-Paten informiert ist und den Anrufer vertröstet. Ihr Vorlese-Pate wird sich sicherlich nicht so schnell wieder bei Ihnen melden. Jeder Interessent sollte sich sofort bei Ihnen willkommen fühlen. Nach der ersten Kontaktaufnahme am Telefon laden Sie zu einem Besuch im Kindergarten ein. Dort kann sich der zukünftige Vorlese-Pate ein Bild von Ihrer Einrichtung machen und sich endgültig entscheiden.

Wo finden Sie Ihren Vorlese-Paten? – Die Zielgruppen

Wenn Sie keine Freiwilligen-Agentur und keine Vermittlung für Vorlese-Paten in Ihrer Nähe haben, müssen Sie sich selbst auf die Suche machen. Sie können die Suche aber sehr gut eingrenzen, so dass es keine Suche nach der Nadel im Heuhaufen werden muss. Es gibt verschiedene sinnvolle Zielgruppen, bei denen Sie anfragen können:

Eltern und Großeltern

Oft gibt es unter den Eltern und Großeltern in Ihrer Einrichtung Menschen, die Lust haben vorzulesen. Der Vorteil für beide Seiten ist, dass Sie sich bereits kennen. Das senkt die Hemmschwelle, sich freiwillig zu melden, deutlich. Für Ihre Suche hängen Sie einfach Ihre Stellenbeschreibung aus und geben den Ansprechpartner an. Wenn sich ein oder mehrere Interessenten gefunden haben, laden Sie zu einer Informationsstunde ein, um zu besprechen, wie es weitergeht und wie Sie sich das Einbinden der Vorlese-Paten in den Alltag der Einrichtung vorstellen können. Eine detailliertere Einführung erhalten die Vorlese-Paten dann später im Vorlese-Seminar (siehe Seite 59 f.).

Schauspieler am Theater oder in Laientheater-Gruppen

Wenn Sie ein Theater am Ort haben, können Sie auch die Schauspieler dort ansprechen, als Vorlese-Paten tätig zu werden. Häufig gibt es ohnehin schon Angebote für Kinder und Jugendliche am Theater, so dass die Arbeit mit Kindern nicht unbedingt neu für die Schauspieler ist. Gibt es beispielsweise einen Theaterpädagogen am Theater, ist er Ihr Ansprechpartner, um den Schauspielern die Idee vorzustellen und anzufragen, ob jemand Lust hat, sich ehrenamtlich als Vorlese-Pate bei Ihnen einzubringen.
In fast jeder Stadt gibt es Laientheatergruppen, die ein- oder zweimal im Jahr ein Theaterstück aufführen. Die Menschen, die dort spielen, beschäftigen sich naturgemäß viel mit Texten und dem Vortragen von Texten. Das macht sie ebenfalls zu guten Vorlese-Paten. Nehmen Sie Kontakt mit diesen Theatergruppen auf.

Menschen, denen Lesen und Bücher etwas bedeuten

Diese Zielgruppe erreichen Sie am besten in der Bücherei und der Buchhandlung vor Ort. Fragen Sie, ob Sie dort Ihre Stellenbeschreibung aufhängen dürfen.
Viele Büchereien haben mittlerweile auch Fördervereine oder Freundeskreise, die die Bücherei durch Spenden oder ehrenamtliches Engagement unter-

stützen. Erkundigen Sie sich nach dem Freundeskreis und informieren Sie dort über Ihre Suche nach Vorlese-Paten.

Menschen, denen Literatur Spaß macht

Öfter als man denkt gibt es Literaturkreise, in denen sich Menschen regelmäßig treffen und sich über Bücher austauschen. Allerdings sind diese Literaturkreise häufig eher informell. Fragen Sie einfach herum, ob jemand einen Literaturkreis kennt und Ihre Idee der Vorlese-Patenschaft dort vorzustellen.

Grundsätzlich geht es darum, dass Sie in der Öffentlichkeit über Ihre Suche nach Vorlese-Paten sprechen. Diese Idee muss eine Eigendynamik bekommen, so dass Sie am Ende womöglich gar nicht mehr wissen, woher ein Interessent von Ihrem Anliegen gehört hat. Wenn Sie die Information breit streuen, finden Sie auf alle Fälle einen oder mehrere Paten für Ihre Einrichtung.

Betreuung der Vorlese-Paten

Was für Sie eine Selbstverständlichkeit ist, das Vorlesen vor mehreren Kindern, ist für die ehrenamtlichen Paten vielleicht völliges Neuland. Vor diesem ersten Mal gibt es verständlicherweise Unsicherheiten: Welches Buch lese ich vor? Wie viele Kinder werden es sein? Wie alt sind die Kinder? Hören die Kinder mir zu? Wie lange kann ich vorlesen? Was mache ich, wenn ein Kind nicht zuhört?
Um den Vorlese-Paten diese Unsicherheiten zu nehmen, müssen Sie diese Fragen ernst nehmen. Es reicht nicht zu beschwichtigen und zu sagen, das klappt schon alles, fangen Sie einfach mal an, sondern bieten Sie die Möglichkeit an, über diese Unsicherheiten zu sprechen.

Informations-Nachmittag

Vor dem ersten Vorlesen sollte es eine ausführliche Informationsrunde geben, auf dem alle offenen Fragen zur Sprache kommen. Die Paten ihrerseits haben dort außerdem Gelegenheit sich untereinander und auch die Einrichtung kennen zu lernen.
Bei diesem Treffen legt jeder Pate seinen individuellen Vorlese-Rhythmus fest: einmal in der Woche, alle 14 Tage, einmal im Monat. Weisen Sie darauf hin, dass sich der Vorlese-Pate nicht zu viel vornehmen sollte. Denn ehrenamtliches Engagement, welches in Stress ausartet, wird schnell wieder aufgegeben. Besser ist es, nur einmal im Monat und dafür über zwei Jahre

kontinuierlich vorzulesen, als einmal wöchentlich, aber dann nur drei Monate lang, weil es schon bald zu viel geworden ist.

Schnupperangebot

Bieten Sie den Vorlese-Paten eine Schnupperzeit an. Nach zwei oder drei Vorlese-Terminen, entscheiden Sie und der Vorlese-Pate sich dann erst endgültig, ob die Zusammenarbeit beiden Seiten passt und ob eine langfristige Patenschaft angestrebt wird. Sollte der Pate feststellen, dass Vorlesen vor mehreren Kindern doch nicht so seine Sache ist, respektieren Sie das.

Vorlese-Seminar für die Vorlese-Paten

Nach einer gewissen Anlaufphase sollten sie Ihren Vorlese-Paten ein Vorlese-Seminar anbieten. Bei diesem Seminar geht es um einen Überlick über den Bilderbuchmarkt: Welche Arten von Büchern gibt es? Welche Bücher eignen sich für welche Situationen? Und es werden methodische und pädagogische Fragen thematisiert: Wie gehe ich mit der Gruppensituation beim Vorlesen um? Welche Rahmenbedingungen sind beim Vorlesen wichtig? Wie lässt sich das Vorlesen mit den Angeboten in Kindergärten abstimmen? Vor allem geht es aber um den allgemeinen Austausch, der für Vorlese-Paten sehr wichtig ist. Ein solches Seminar können Sie entweder selbst organisieren und dafür einen eigenen Referenten engagieren oder aber Sie kooperieren mit der Stiftung Lesen und bieten deren Vorlese-Seminar gemeinsam mit der Bücherei oder anderen Kindergärten an. Die Seminare sind direkt bei der Stiftung Lesen zu buchen. Um einen Termin sollte man sich frühzeitig bemühen, denn wegen der großen Nachfrage kann es zu Wartezeiten kommen. Das Seminar der Stiftung Lesen kostet 150 Euro und eine Übernachtung für die Referentin.

Adresse der Stiftung Lesen und Ansprechpartner für die Vorlese-Paten:

Stiftung Lesen
Römerwall 40
55131 Mainz
Tel.: 06131/28890-0, Fax: 06131/230333
www.StiftungLesen.de

Ansprechpartner für die Vorlese-Seminare:
Frau Sigrid Strecker, Frau Sarah Rickers, Frau Susanne Jaedtke, Frau Stefanie Thöldtau

Da die Nachfrage nach den Vorlese-Seminaren sehr groß ist, gibt es inzwischen regional Referenten, die ähnliche Seminare anbieten. Bei der Wahl Ihres Referenten sollten Sie darauf achten, dass der Referent entweder Erfahrung mit praktischer Leseförderung für Vorschulkinder hat oder bereits an einem Seminar der Stiftung Lesen teilgenommen hat. Wie bei jedem Thema gibt es auch hier bessere und schlechtere Referenten. Denn manch einer kann vielleicht selbst sehr gut vorlesen, ist aber überfordert, wenn er Inhalte vor Erwachsenen präsentieren soll. Daher sollten Sie sich, bevor Sie sich für einen Referenten entscheiden, der nicht von der Stiftung Lesen kommt, bei anderen Kindertageseinrichtungen erkundigen, wie das Seminar angekommen ist. Sprechen Sie im Vorfeld ausführlich mit dem Referenten, um ihn kennen zu lernen und einschätzen zu können, ob der Tonfall zu Ihren Vorlese-Paten passt.

Vorlese-Paten in den Alltag integrieren

Vorlese-Paten dürfen nicht das Gefühl bekommen, in den Kindergartenalltag hineingepresst zu werden. Dem Vorlesen der Vorlese-Paten muss ausreichend Raum gegeben werden. Es sollte in den Ablauf Ihrer Einrichtung integriert sein wie der tägliche Stuhlkreis. Das heißt zunächst einmal, es gibt einen festen Ort, an dem vorgelesen wird, an dem sich der Pate und die Kinder wohl fühlen. Der Raum ist ruhig und bietet eine gemütliche Vorlese-Atmosphäre. Der Vorlese-Pate kann den Raum während des Vorlesens gestalten, wie er möchte. Bieten Sie an, dass er bei der Gestaltung des Raums mithelfen und entscheiden kann, ob Stühle da stehen sollen, Kissen auf dem Boden liegen, Decken vorhanden sind, um eine Höhle zu bauen oder Kerzen oder eine Stehlampe nötig sind usw.

Wenn vorgelesen wird, ist dieser Raum für lautes Spielen und Hindurchlaufen tabu. Das wissen alle Kinder und Erwachsenen. Nehmen Sie das Vorlesen ernst und geben Sie den Vorlese-Paten die notwendigen Rahmenbedingungen.

Bieten Sie den Vorlese-Paten die Chance, seine Bücher auf das Angebot im Kindergarten abzustimmen. Halten Sie ihn auf dem Laufenden, welche Projekte gerade durchgeführt werden, welche Themen bei den Kindern aktuell sind oder was Sie in der nächsten Zeit vorhaben. Weisen Sie auch auf problematische Themen und belastende Vorkommnisse in der Gruppe hin. So kann es zum Beispiel sein, dass in einer Familie gerade die Oma gestorben ist. Wenn der Pate in dieser Situation unvorbereitet ein Buch zum Thema Tod vorliest – auch wenn es nur um den Tod eines Meerschweinchens geht – kann es für den Paten zu einer schwierigen Situation kommen, die man jedoch gut auffangen kann, wen man entsprechend vorinformiert ist.

Wichtig ist, dass Sie für den Vorlese-Paten als Ansprechpartner zur Verfügung stehen. Auch wenn die Situationen, die in der Kindergruppe entstehen, für sie selbstverständlich sind, sprechen Sie in der Mittagspause mit Ihrer Kollegin häufig darüber. Der Vorlese-Pate übt seine Tätigkeit nicht jeden Tag aus, daher entstehen leicht Unsicherheiten. Stehen Sie deshalb mit Rat und Tat zur Seite. Geben Sie konkrete Ratschläge wie zum Beispiel: „Wenn Leo immer weiter stört, schicken Sie ihn ruhig aus der Vorleserunde hinaus zu mir.“ „Falls Sie nicht weiter wissen, sagen Sie mir ruhig Bescheid.“ Seien Sie immer für Gespräche da.

A B C D E F G H I J K L M N O P Q R S T U V W X Y Z

Langfristige Betreuung der Vorlese-Paten

Das Engagement der ehrenamtlichen Vorlese-Paten sollte man keinesfalls als Selbstverständlichkeit hinnehmen. Denn wenn jemand seine Zeit spendet, ist es für denjenigen unter Umständen kostbarer als eine regelmäßig Geldspende. Um Ihre Wertschätzung zum Ausdruck zu bringen, sollten Vorlese-Paten langfristig gut betreut werden, beispielsweise durch regelmäßige Veranstaltungen, in denen über Neuerscheinungen informiert wird. Eine solche Veranstaltung müssen Sie nicht unbedingt selbst organisieren, sondern auch in Kooperation mit der Bücherei oder der Buchhandlung anbieten. Stellen sie den Vorlese-Paten Ihre Empfehlungslisten für Bücher zur Verfügung. Halten Sie auch Lesetipps zum Vorlesen bereit, falls dem Vorlese-Paten einmal die Ideen ausgehen.

Zu allen Veranstaltungen im Kindergarten sollten Sie grundsätzlich auch Ihre Vorlese-Paten mit einladen. Denken Sie an den Geburtstag und schicken Sie eine Weihnachtskarte. Sagen Sie Danke. Wenn Sie mehrere Vorlese-Paten in Ihrer Einrichtung haben, können Sie auch einmal zu einem ein Treffen nur für die Vorlese-Paten einladen. Dabei ist es nicht nötig, etwas großartig anzubieten. Eine liebevoll vorbereitete Kaffeerunde mit selbst gebackenem Kuchen, an dem Sie aber auch Zeit haben und für die Paten da sind, zeigt Ihre Dankbarkeit und Wertschätzung.

Checkliste Vorlese-Paten

- Formulieren Sie eine Ausschreibung.
- Suchen Sie Ihren Vorlese-Paten unter lesefreudigen Menschen. Mögliche Zielgruppen für Ihre Suche: Eltern und Großeltern in der eigenen Einrichtung, Theater/Laientheater, Büchereien/Buchhandlungen, Litehzraturkreise
- Laden Sie die interessierten Vorlese-Paten zu einem Informationsnachmittag ein.
- Vereinbaren Sie einen regelmäßigen Rhythmus und eine Schnupperzeit für das Vorlesen.
- Bieten Sie ein Vorlese-Seminar an.
- Stehen Sie den Vorlese-Paten jederzeit als Ansprechpartner zur Verfügung.
- Integrieren Sie das Vorlesen und den Vorlese-Paten in den Alltag.
- Betreuen Sie den Vorlese-Paten langfristig und zeigen Sie Ihre Wertschätzung für seine Spende.

Die Kindergarten-Bücherei

Mittelpunkt der Leseförderung im Kindergarten

In der Kindergartenbücherei sind alle Bücher der Einrichtung gesammelt. Hier hat jede Leseförderung Ihren Ausgangspunkt, denn hierher müssen Sie oder die Kinder kommen, um sich ein Buch zu holen. In der Bücherei wird vorgelesen und man kann sich hierhin zurückziehen, um alleine zu lesen. Wenn Sie die Möglichkeiten haben, eine kleine Bücherei in einem eigenen Raum einzurichten, nutzen Sie diese Chance, denn so wird auch räumlich deutlich, welch hohen Stellenwert die Leseförderung bei Ihnen hat. Damit Leseförderung erfolgreich ist, müssen Bücher immer und für alle Nutzer in Reichweite sein. Im Kindergarten sollten deshalb die Bücher so stehen, dass sich Kinder Bilderbücher jederzeit holen können, wann immer sie Lust dazu haben.

Ausleihmöglichkeit für Eltern

In jeder Kindertageseinrichtung gibt es eine Unmenge an Büchern. trägt man alle Bücher aus den verschiedenen Räumen zusammen, angefangen vom Bilderbuch über Vorlesebücher, Bastelbücher bis hin zu den pädagogischen Fachbüchern, entsteht schnell eine recht ansehnliche Bücherei. Wenn Sie die Buchsammlung nicht nur als kindergarten- oder teaminterne Bücherei betrachten, sondern den Bücherfundus auch für Eltern zugänglich machen, wird die Funktion als Mittelpunkt der Leseförderung noch viel deutlicher. Hier finden Eltern nicht nur Bücher, sondern auch Lesetipps, Informationen über die neuesten Projekte und es finden Veranstaltungen zum Thema Lesen statt.

Darüber hinaus können Sie den Eltern auch den Service anbieten, bestimmte Titel nach Hause auszuleihen, denn alle Bücher sind in der Einrichtung bereits durch einen harten Praxistest gegangen. Warum also sollten die Bücher nicht auch in allen Elternhäusern präsent sein oder die Kinder ihre Lieblingsbücher nicht mit nach Hause nehmen?

Schritte auf dem Weg zur Kindergarten-Bücherei

Sammeln Sie alle Bücher!

An vielen Plätzen Ihrer Einrichtung gibt es Bücher: in Regalen, in der Bastelgegend, vergessene Bilderbücher in der Leseecke, Kochbücher in der Küche usw. Tragen Sie alle Bücher zusammen, damit Sie einen Überblick erhalten, welche Bücher überhaupt vorhanden sind. Die Kinder helfen bestimmt gerne dabei.

Bringen Sie Ordnung in die Bücher!

Damit die Eltern in der Fülle Ihres Angebots auch das passende Buch finden, müssen die Bücher sortiert bzw. katalogisiert sein. Stellen Sie die Bücher zum Beispiel nach Themen geordnet zusammen: Herbst, am Strand, Kindergeburtstag. Eine andere Möglichkeit ist es, die Bücher wie in der Buchhandlung oder der Bücherei zu sortieren: Bilderbücher, Bastelbücher, Ratgeber usw. Das hat den Vorteil, dass Sie eine Grundordnung haben, die die Übersicht erleichtert, und trotzdem von Zeit zu Zeit thematische Zusammenstellungen machen können, wenn es gerade aktuell ist.
Damit Sie wissen, wohin jedes ausgeliehene Buch gehört, wenn es wieder zurückkommt, markieren sie die Bücher einer jeweiligen Kategorie am besten mit einem Klebepunkt. Jede Kategorie hat eine andere Farbe und schon

weiß jeder, wie es zuzuordnen ist. Ein besonderer Service ist es, wenn die Bücher innerhalb einer Kategorie alphabetisch geordnet sind. Das ist aber nicht unbedingt notwendig, denn oft ist die Anzahl der Bücher pro Kategorie relativ überschaubar.

Stellen Sie Spielregeln auf!

Bevor es mit der Ausleihe losgehen kann, bedarf es einiger Spielregeln für die Bücherei. Wie lange dürfen die Bücher behalten werden? Was passiert, wenn Bücher zu spät zurückkommen? Wie hoch sind die Mahngebühren? Was kostet das Ausleihen der Bücher? Vor allem Letzteres sollten Sie nicht vernachlässigen, denn wenn Sie Bücher verleihen, altern diese schneller und

Sie müssen auch einmal neue Bücher anschaffen. Diese Kosten können Sie sich zum Teil auch von den Eltern bezahlen lassen. Weitere Fragen, die vorab zu klären sind: Wann hat Ihre Bücherei geöffnet? Steht in der Zeit vielleicht Tee und Kaffee bereit? Wenn Sie sich über die Ausleihbedingungen verständigt haben, schreiben Sie am besten ein großes Plakat und hängen es in der Bücherei auf oder legen einen kopierten Handzettel aus.

Tipps zu den Ausleihbedingungen

- Die Ausleihzeiten sollten nicht zu lang sein, denn Sie haben nur einen begrenzten Bestand. Wenn die Bücher vier Wochen ausgeliehen werden können, haben Sie irgendwann zu wenig Titel, die noch greifbar sind.
- Pro Buch, welches ausgeliehen wird, bitten Sie um eine Spende von mindestens 20 Cent. – wer kann und möchte, kann natürlich gerne mehr spenden.
- Informieren Sie darüber, welche Bücher Sie mit den Einnahmen aus der Bücherei neu kaufen konnten.
- Für jeden Tag, den das Buch zu spät zurückgegeben wird, werden ebenfalls 20 Cent fällig. Kommt das Buch nach zwei Wochen immer noch nicht zurück, muss es ersetzt werden (mit Ausnahme der Ferien- oder Urlaubszeit).
- Kommt ein Buch in einem unbrauchbaren Zustand zurück, muss es ebenfalls ersetzt werden.
- In der Bücherei liegt zu den Öffnungszeiten ein Stapel mit Zetteln zum Mitnehmen bereit, auf denen das aktuelle Abgabedatum steht.
- Jeder Nutzer trägt in eine Liste die Bücher ein, die er ausgeliehen werden und das Datum der Rückgabe. Am besten organisieren Sie eine ehrenamtliche Betreuung für die Öffnungszeiten der Kindergarten-Bücherei.

Zuständigkeit für die Bücherei

Die Bücherei braucht einen, besser noch zwei feste Ansprechpartner. Klären Sie, wer für diesen Aufgabenbereich zuständig ist, die Ordnung der Bücher pflegt, Bücher, die zu schlecht sind, aussortiert, bei Bedarf auch einmal Eltern beraten kann und die Ausleihen und die Mahnungen im Blick behält. Eine weitere Aufgabe ist der Kauf bzw. die Beschaffung neuer Bücher. Wenn Sie sich die Verlagsvorschauen der Verlage schicken lassen oder aus der Buchhandlung besorgen, erhalten Sie einen ersten Überblick über die Neuerscheinungen auf dem Markt. Veröffentlichungslisten oder mündliche Empfehlungen sind Informationsquellen und eine Grundlage für die Entscheidung, welche Bücher innerhalb des vorhandenen Budgets angeschafft werden können.

Räumlichkeiten

Es wird nur wenige Einrichtungen geben, die für eine Bücherei einen eigenen Raum zur Verfügung haben. Wenn Sie Räume doppelt nutzen müssen, richten sich die Öffnungszeiten der Bücherei zu einem gewissen Maße danach. Oft befindet sich die Bücherei im Teamraum. Das ist nicht ganz unproblematisch, weil die Mitarbeiter in ihrer Pause abschalten und sich nicht unbedingt mit Eltern unterhalten möchten. Aber vielleicht gibt es auch Zeiten, in denen der Raum wirklich nicht genutzt wird, in diesen Zeiten kann man ihn dann für die Eltern öffnen. Möglicherweise gibt es auch andere Alternativen: eine Nische im Flur, ein Nebenraum, der sonst für alles zu klein ist, eine ungenutzte Ecke unter der Treppe, einen Raum, der der eigentlich nur zum Abstellen überflüssiger Dinge benutzt wird usw. Nötig ist eigentlich nur ein Regal und eine Sitzmöglichkeit. Mit ein bisschen Fantasie finden sich oft erstaunliche Möglichkeiten.

Ausbau des Bestands

Für Ihre Bücherei brauchen Sie eine gewisse Anzahl von Büchern. Viele haben Sie schon, aber Sie müssen auch neue Bücher anbieten. Damit Sie nicht alle Bücher kaufen müssen, können Sie auch die Eltern bitten, Ihnen alte Bilder- und Kinderbücher zu spenden. In vielen Familien gibt es Bücher, aus denen alle im Haushalt herausgewachsen sind und die eigentlich niemand mehr liest. Oft sind die Kinder und die Eltern bereit, sich von einer ganzen Menge dieser Bücher zu trennen, wenn sie wissen, dass Sie nicht im Müll landen, sondern weiterhin von Kindern gelesen werden. In Ihrer Kindergarten-Bücherei sind solche Bücher gut aufgehoben. Sorgen Sie dafür, dass alle Eltern darüber informiert sind, dass Sie gerne Bücherspenden entgegennehmen.

Öffentlichkeitsarbeit für die Kindergarten-Bücherei

Damit ihre Bücherei genutzt wird, müssen die Eltern davon erfahren. Reden Sie also über Ihre neue Bücherei! Zur Eröffnungsfeier können Sie die Eltern einladen und dabei Ihr Angebot vorstellen, darüber informieren, wie was zu finden ist und wer der Ansprechpartner ist, wenn Fragen auftauchen. Um die Bücherei am Laufen zu halten, müssen Sie immer wieder auf die Angebote hinweisen: Veranstaltungen zum Thema Lesen finden, sofern es der Platz erlaubt, immer in der Bücherei statt, ebenso Buchausstellungen. In der Bücherei liegen auch Listen aus, welche Bücher gerade im Kindergarten genutzt werden.

Die Bücherei als Teil eines Lese-Netzwerks

Um das Angebot der Bücherei zu erweitern, bieten sich Kooperationen mit der öffentlichen Bücherei und einer Buchhandlung vor Ort an. So können Sie beispielsweise eine thematische Ausstellungen mit Büchern und anderen Medien, z. B. DVD, CD-ROM oder Hörbuch, aus der Buchhandlung oder der Bücherei ergänzen.
Mit einer solchen Kooperation zeigen Sie deutlich, dass Sie das Angebot der öffentlichen Bücherei nicht ersetzen, sondern ergänzen möchten. Sie demonstrieren, dass Sie Teil eines Netzwerks zum Thema Leseförderung und Lesekompetenz sind.

Checkliste Kindergarten-Bücherei

- Sammeln Sie alle Bücher.
- Ordnen und katalogisieren Sie die Bücher.
- Formulieren Sie die Ausleih-Bedingungen.
- Schaffen Sie Raum für die Bücherei.
- Klären Sie die Zuständigkeiten: Wer kümmert sich um die Kindergarten-Bücherei?
- Suchen Sie eine ehrenamtliche Betreuung für die Kita-Bücherei.
- Erweitern Sie in kleinen Schritten den Bestand.
- Kommunizieren Sie das neue und später das laufende Angebot.
- Nutzen Sie die Bücherei für Kooperationen mit öffentlichen Büchereien und dem Buchhandel

Die Kinder-Bestseller-Liste

Kinder und Jugendliche nehmen Tipps von Gleichaltrigen leichter an, als wenn sie von Erwachsenen kommen. Das ist auch schon im Kindergarten so. Möglicherweise versuchen Sie in Ihrer Gruppe schon seit Wochen, Larissa auf den kunstvollsten Wegen dazu zu überreden, sich einmal der Vorleserunde anzuschließen – ohne Erfolg. Als aber Larissas Freundin im Stuhlkreis ihr neues Lieblingsbuch zeigt und vorstellt, sitzen die beiden danach am Tisch und sehen sich das Buch gemeinsam an.
Wenn Erwachsenen etwas so wichtig ist, dass sie es gerne an die Kinder weitervermitteln möchten, kann es vorkommen, dass Kinder den Eindruck gewinnen, dass man ihnen etwas Unangenehmes als großartig verkaufen will. Denn zu oft haben sie vielleicht die Erfahrung gemacht, dass der als lecker angekündigte Hustensaft doch eklig schmeckt. Aber wenn der beste Freund erzählt, dass der Hustensaft doch ganz gut schmeckt, glauben Kinder viel eher, dass die Behauptung stimmt. Für die Leseförderung heißt das: Erfolgversprechender ist es, wenn Kinder selbst ihre Lieblingsbücher vorstellen und darüber berichten. Aus diesen Buchvorstellungen können Sie in regelmäßigen Abständen eine Bestseller-Liste der Kinder erstellen. Und so entsteht die Bestseller-Liste der Kinder:

Kinder stellen ihre Lieblingsbücher vor

Regen Sie die Kinder an, ihre Lieblingsbücher von zu Hause mitzubringen. Jedes Kind stellt das mitgebrachte Buch im Stuhlkreis vor. Dieser Stuhlkreis muss nicht unbedingt der normale Stuhlkreis mit allen Kindern der Gruppe sein. Möglicherweise finden sich dafür nur die Kinder zusammen, die sich besonders für Bücher interessieren. In dieser Runde wird jedes Mal ein Buch vorgestellt: Erst erzählt das Kind, warum das gerade sein Lieblingsbuch ist. Anschließend wird es vorgelesen und daran kann sich ein Gespräch über das Buch anschließen. Gemeinsam verfassen alle eine kleine Rezension zu dem Buch. Diese Rezension sollte an der für die „Bücherwürmer" reservierten Ecke der Pinwand ausgehängt werden, damit alle Eltern sehen können, welches Buch gerade besprochen wurde.

Die Wahl der Buch-Hits

Mindestens fünf, besser acht Rezensionen sollten Sie zusammen haben, bevor Sie die Bestseller-Liste erstellen. Bei dieser Abstimmung können alle Kinder mitmachen. Damit alle sehen, um welche Bücher es geht, müssen alle Cover der zur Abstimmung stehenden Bücher gut sichtbar aufgehängt werden. Sie können die Cover dafür entweder einscannen oder mit einer Digitalkamera fotografieren und anschließend ausdrucken. Unter die Coverabbildungen hängen Sie große Blätter, auf denen die Kinder entweder mit dicken bunten Stiften oder mit Klebepunkten ihre Stimme für ein Buch abgeben können. Falls jemand ein Buch noch nicht kennt und es sich noch einmal ansehen möchte, sollte sich die Abstimmungszeit über zwei bis drei Tage erstrecken. Aus der Anzahl der Punkte unter dem jeweiligen Buch-Cover ergibt sich die Platzierung des jeweiligen Buchtitels.

Präsentation der Ergebnisse

Die Bestseller-Liste wird ausgehängt und gibt einerseits den Eltern Anhaltspunkte für den eigenen Bücherkauf. Vor allem aber werden durch diese Kinder-Bestseller-Liste auch Kinder, die sonst nicht zum Vorlesen zu bewegen sind, neugierig und beginnen selbst Bücher zu lesen.

Checkliste Kinder-Bestseller-Liste

- ☐ Kinder stellen ihre Lieblingsbücher in einer Runde von buchbegeisterten Kindern vor.
- ☐ In der Gruppe wird die Bewertung des Buchs als Rezension festgehalten.
- ☐ Wenn etwa 5 bis 7 Rezensionen zusammengekommen sind, erfolgt anhand der aufgehängten Buchcover die Abstimmung.
- ☐ In den nächsten zwei bis drei Tagen geben alle Kinder ihre Bewertung ab.
- ☐ Die Bestseller-Liste wird evtl. zusammen mit einer Kurzfassung der Rezensionen ausgehängt.

Book Buddies, die Bücher-Kumpel

Um Leseförderung von Kindern für Kinder geht es auch bei den Book Buddies. Book Buddies heißt übersetzt Bücher-Kumpel. Die Idee hinter diesem Begriff ist ganz einfach. Ältere Kinder oder Jugendliche werden Paten von jüngeren Kindern oder Jugendlichen, um diese an Bücher und Lesen heranzuführen. Solche Patenschaften lassen sich vor allem in solchen Einrichtungen verwirklichen, die auch von Schulkindern besucht wird. Die Schulkinder, die gerade erst Lesen lernen, sind erfahrungsgemäß so stolz darauf, dass sie die ersten Buchstaben und Sätze lesen können, dass sie ihr neues Wissen sehr bereitwillig weitergeben möchten.

Wie sieht die Book-Buddy-Patenschaft aus?

Book Buddies übernehmen eine feste Patenschaft für ein Kind und das Thema Lesen und Bücher, wie es das folgende Beispiel zeigt: Max ist acht Jahre alt und liest inzwischen sehr gerne selbst. Als Book Buddy übernimmt er die Patenschaft für den dreijährigen Gregor. Der ist seit einem halben Jahr im Kindergarten und fühlt sich sehr wohl. Max und er sind sich schon beim Mittagessen ein paar Mal begegnet und finden sich gegenseitig sympathisch. Für Max ist es sehr aufregend, Pate von einem kleineren Jungen zu sein, ihm zu zeigen, welche Bücher er selbst gerne mochte, und ihm vorzulesen. Gregor findet es wiederum sehr spannend, seine Zeit mit Max zu verbringen, der so viel älter ist. Sie zeigen sich gegenseitig die Bücher, die sie gerade mögen, unterhalten sich darüber und durch Max erlebt Gregor, dass Lesen Spaß bringt und dass nicht nur Erwachsene lesen können.

Betreuung der Book Buddies

Die Idee ist bestechend und hört sich zunächst einmal recht einfach an. Doch darf man den Betreuungsaufwand für die Book Buddies nicht unterschätzen. Die Schulkinder müssen erst einmal eine Einführung in die Aufgabe bekommen, damit sie sich auch wirklich vorzustellen können, was mit dieser Art von Patenschaft auf sie zukommt. Bevor ein erstes Treffen mit dem Patenkind stattfindet, müssen die Book Buddies eine „Mini-Schulung“ (etwa zwei Stunden) in das Thema Vorlesen bekommen und Tipps bekommen, was sie tun können, wenn ihr Patenkind zum Beispiel nicht zuhört. Die Book Buddies brauchen feste Ansprechpartner, damit die Patenschaft Bestand hat und beide Kinder Spaß daran haben. Regelmäßige Treffen der Book Buddies mit diesem Ansprechpartner sind notwendig. Hilfreich ist es auch, Kontakte zwischen den ehemaligen Book Buddies und denen, die es

werden möchten, zu knüpfen, damit die Kinder sich untereinander erzählen können, wie sie ihre Patenschaften erlebt haben.
Wenn Sie sich aber entschließen, die Book Buddies in Ihrer Einrichtung einzuführen, werden sie erleben, welche fantastischen Situationen sich daraus ergeben und wie sehr beide Seiten mit dieser Patenschaft wachsen.

Weitere Informationen zu Book Buddy-Patenschaften:

www.//curry.edschool.virginia.edu/reading/projects/bookbuddies/what.html
(Die Seite ist auf englisch.)

Auch der Verein Bücherpiraten e.V. betreut Book Buddies. Dort können Sie Unterstützung und Tipps für die Praxis erhalten:

Bücherpiraten e.V., c/o Jeronimo, Postfach 11 11 01, 23521 Lübeck
Tel.: 0451/3846005
www.buecherpiraten.de, Mail: c.neumann@buecherpiraten.de

Checkliste Book-Buddies

- Fragen Sie Kinder, die schon lesen können, ob sie Pate werden möchten.
- Bereiten Sie die Book Buddies mit einer Mini-Schulung auf die Vorlese-Situation vor.
- Stellen sie die beiden Kinder einander vor und geben Sie vielleicht einen ersten Impuls.
- Begleiten Sie die Patenschaft der beiden Kinder unter anderem mit regelmäßigen Treffen mit den Book Buddies und den Patenkindern, bieten Sie feste Sprechstunden für Book Buddies und ggf. weitere Schulungen an.

Bilderbuch-Geschichten in Fremdsprachen

Leseförderung ist für alle Kinder wichtig, aber für Kinder, die eine andere Muttersprache sprechen als Deutsch und in Deutschland leben, ist Leseförderung oft von existenzieller Bedeutung beim Deutschlernen. Das Vorlesen deutscher Bücher kann bei diesen Kindern nicht der erste Schritt der Leseförderung sein, denn er stellt häufig eine Überforderung dar. Leider gibt auch nicht viele Bilderbücher, die in anderen Sprachen verfügbar sind. Deshalb müssen Sie sich anders behelfen, wenn Sie nicht deutsch-sprechenden Kindern mit dem Vorlesen das Deutschlernen erleichtern möchten.

Übersetzungen helfen beim Deutschlernen

Kinder aus ausländischen Familien können oftmals weder die eine noch die andere Sprache fließend sprechen. Vielmehr sprechen sie eine bunte Mischung aus beiden Sprachen, so dass sie in beiden Sprachen unsicher sind. Deshalb sollten Kinder, die im Kindergarten Deutsch lernen, zunächst auch ihre Muttersprache fließend sprechen können. Dazu muss sich ihre Muttersprache auch im Kindergarten-Alltag wiederfinden, zum Beispiel in Form einer Geschichte oder eines Buches.

Zusammenarbeit mit den ausländischen Eltern

Vielleicht haben Sie eine zweisprachige Erzieherin in Ihrem Team, die bei der Übersetzung einer Geschichte helfen kann. Noch besser ist es, eine Zusammenarbeit mit den Eltern anzuregen. Denn die Arbeit an der Übersetzung bietet einen ganz anderen Zugang zu den Eltern und ermöglicht es, dass sich Eltern aktiv in den Alltag Ihrer Einrichtung einbringen.

Die Auswahl des Buches und die Übersetzung

Wählen Sie einen Klassiker aus, den die Kinder immer wieder gerne mögen, und übersetzen Sie das Buch gemeinsam mit den Eltern in die jeweilige Sprache. Wichtiger als die wortgetreue Übersetzung ist dabei das gemeinsame Erleben der jeweils anderen Sprache, des Inhalts und der Atmosphäre der Geschichte. Die Übersetzung kann auf eine Overhead-Folie gedruckt oder kopiert werden, die man zusätzlich zum deutschen Text in das Buch kleben kann. Auf der Folie sollte die Übersetzung möglichst so platziert werden, dass sie auf einer freien Fläche der Seite erscheint. Auf diese Weise sind die Bilder noch zu sehen, der neue und der übersetzte Text gut zu lesen und das Vorlesen wird nicht durch die daneben gehaltenen Zettel beeinträchtigt.

Die übersetzte Geschichte vorlesen

Besonders schön wäre es, wenn Sie die Eltern, die Ihnen bei der Übersetzung geholfen haben, auch noch als Vorlese-Paten gewinnen könnten und diese dann regelmäßig zum Vorlesen kommen. Denn sicher möchten die Kinder häufiger in ihrer Muttersprache vorgelesen bekommen. Um diesem Bedürfnis Rechnung zu tragen, können Sie mehrere zum Beispiel türkisch-sprechende Eltern einladen, bei Ihnen vorzulesen oder Geschichten zu erzählen. Eine andere Möglichkeit ist, sich die Übersetzung in Lautschrift aufzuschreiben und die Aussprache gemeinsam mit den Kindern zu trainieren. Das gibt allen zusammen die Gelegenheit zu erleben, eine neue Sprache zu lernen und, wie Geschichten dabei helfen können.

A B C D E F G H I J K L M N O P Q R S T U V W X Y Z

Gibt es in der Einrichtung ältere Kinder gibt, die schon beide Sprachen sprechen, können Sie eine Übersetzung auch mit diesen Kindern zusammen erstellen. Möglicherweise haben diese Kinder dann auch Lust, den Kleineren vorzulesen. Da bekommt die Lese- und Sprachförderung noch einmal eine ganz eigene Note, als wenn sie von Erwachsenen praktiziert wird.

Checkliste Übersetzung von Bilderbuch-Geschichten

- Wählen Sie einen Bilderbuch-Klassiker aus, um ihn zu übersetzen.
- Bitten Sie ein oder mehrere Eltern oder ältere Kinder, die Geschichte mit Ihnen zusammen zu übersetzen.
- Wenn Sie selber vorlesen möchten, notieren Sie die Übersetzung in Lautschrift und trainieren Ihre Aussprache mit den Kindern.
- Fragen Sie die Eltern der nicht Deutsch sprechenden Kinder, ob sie Lust haben, als Vorlese-Paten zu Ihnen zu kommen, um vorzulesen oder Geschichten zu erzählen.
- Übersetzen Sie immer wieder ein neues Buch.
- Dokumentieren Sie Ihre Arbeit und machen Sie so Ihr Engagement für Leseförderung deutlich.

Die Wandzeitung im Kindergarten

Leseförderung findet auch statt, wenn Kinder selbst schreiben bzw. Geschichten erzählen. Um über aktuelle Projekte und Termine zu informieren,

können Sie mit den Kindern gemeinsam eine Wandzeitung erstellen. Die Wandzeitung eignet sich besonders für Kindertageseinrichtungen, in denen auch Schulkinder betreut werden, die die Beiträge für dieses Medium schon selbstständig verfassen können.
Zu Beginn des Projekts zeigen Sie den Kindern, was eine Wandzeitung überhaupt ist und warum sie nützlich ist. Die Wandzeitung berichtet über wichtige Ereignisse und Neuigkeiten in der Kita. Sie wird an einem zentralen Ort aufgehängt, an dem alle Kinder vorbeikommen, so dass sich jeder leicht informieren kann.

Redaktionsteam, Erscheinungsweise und Inhalte

Gemeinsam mit interessierten Kindern bilden Sie eine Redaktion. Wenn Sie Schüler in der Einrichtung haben, können diese auch zusammen mit Kindergarten-Kindern eine Redaktion bilden. Ein oder zwei Erwachsene – eventuell auch ehrenamtlich tätige Eltern – betreuen die Redaktion. Die Wandzeitung sollte in einem regelmäßigen Turnus erscheinen. Damit der Aufwand überschaubar bleibt, eine regelmäßige Erscheinungsweise trotzdem noch deutlich wird, bietet sich ein Abstand von ca. acht Wochen zwischen den einzelnen Ausgaben an.
Jede Ausgabe der Wandzeitung widmet sich einem bestimmten Thema, welches die Kinder festlegen. Die Beschränkung auf ein Thema hilft den Kindern, den Überblick über das Projekt zu behalten und auch die Arbeitsaufträge bleiben überschaubar. Die Bearbeitung des jeweiligen Themas wird am besten in mehrere kleine Arbeitsaufträge aufgeteilt. Die Aufgabenstellung zum Thema „Wie kam die neue Schaukel in unseren Garten?“ beinhaltet dann z. B. zwei Fotos zum Thema Schaukel zu besorgen. Neben dem eigentlichen Thema sollte es höchstens noch eine Rubrik, wie etwa „Termine“ geben.

Die Arbeit der Redaktion

Die Redaktionssitzung

Die Redakteure treffen sich regelmäßig und verständigen sich darüber, welches Thema die nächste Wandzeitung haben soll. Die Mitglieder des Redaktionsteams überlegen gemeinsam, welche Berichte sie zu dem Thema schreiben möchten oder welche Ideen sie zu dem Thema haben. Es wird festgelegt, wer die Verantwortung für Berichte, Fotos, Bilder oder andere Materialien übernimmt. Das sollten jeweils Gruppen mit jeweils zwei bis drei Kindern sein. Am besten ist es, wenn bei jeder Gruppe ein Schulkind dabei ist.

Redakteure auf Ortstermin

Nach der Redaktionssitzung schwärmen die Redakteure aus. Sie bekommen ein oder zwei Tage Zeit, ihre Fotos zu knipsen, ihre Beobachtungen zu machen, Bilder zum Thema zu malen, Collagen zu basteln, ihre Berichte zu schreiben und Interviews zu machen.

Fertigstellung der Wandzeitung

Mit diesen ganzen Materialien treffen sich die Redakteure wieder und stellen die Wandzeitung mit Ihrer Unterstützung oder ehrenamtlichen Helfern fertig. Alle Texte, Bilder und Fotos werden zu Artikeln sortiert und auf große Papierbogen geklebt. Über die einzelnen Artikel, schreiben Sie die Überschriften und unter die Artikel die Namen der verantwortlichen Redakteure. Dann wird die alte Wandzeitung abgenommen und die Neue ausgehängt.

Checkliste Wandzeitung

- Suchen Sie sich bei den Eltern ehrenamtliche Unterstützung für das Wandzeitungsprojekt.
- Stellen Sie den Kindern die Idee einer Wandzeitung vor.
- Legen Sie einen Erscheinungsrhythmus fest.
- Sammeln Sie Kinder, die Lust haben, Redakteure zu werden.
- Legen Sie auf der Redaktionssitzung das aktuelle Thema fest.
- Verteilen Sie die Arbeitsaufträge.
- Treffen Sie sich zur Redaktionssitzung, um das Material zu Artikeln zusammenzustellen.
- Präsentieren Sie die neue Ausgabe der Wandzeitung an einem auffälligen Platz in der Kita.

4. Lesen als Special Event

Das Bilderbuchkino

Vorlesen im Kindergarten ist eine schöne und gemütliche Angelegenheit – um Klassen aufregender ist aber das Bilderbuchkino. Obwohl eigentlich nicht vieles anders ist als beim Vorlesen, hat das Bilderbuchkino für Kinder und auch Erwachsene eine große Faszination.

Licht aus, Augen auf! – Das Besondere am Bilderbuchkino

Im Unterschied zum Vorlesen betrachten die Kinder hier die Bilder nicht im Buch, sondern diese werden während des Vorlesens als Dia an die Wand projiziert, wobei der Raum natürlich abgedunkelt sein muss. Zuhören und Bilder Betrachten ist gleichzeitig möglich, während beim herkömmlichen Vorlesen die Kinder zuerst den Text hören und anschließend erst die Bilder im Buch gezeigt werden. Beim Bilderbuchkino blättern der Vorleser und die Kinder quasi gleichzeitig um, denn das Dia wird gewechselt, wenn der Text auf einer Seite zu Ende ist. Das ist für die Kinder sehr schön, denn oft ist bereits auf den Bildern zu erkennen, wie die Geschichte weitergeht, ohne dass man den Text dazu schon gelesen hat. Vor dem Weiterlesen können die Kinder Tipps geben, was vermutlich folgen wird. Auf diese Weise kann man die Geschichte fantasievoll weiterspinnen. Oder aber die Kinder raten vorher schon richtig, wie es weitergeht und freuen sich darüber, wenn sie es getroffen haben.
Wenn Kinder bei dieser Art der Bilderbuchpräsentation die Geschichte gleichzeitig auf den Dias wiederfinden und parallel zum Zuhören Details

wahrnehmen, die zur Geschichte passen oder gerade eben nicht, dann entsteht oft ein lebendiger Austausch über die Geschichte, die Bilder und den Text. Ebenso kann auch eine besonders ruhige Stimmung entstehen, wenn Bilder und Geschichte recht stimmungsvoll sind und diese Atmosphäre durch das abgedunkelte Licht noch betont wird. Das kann zum Beispiel bei Märchen der Fall sein.
Durch die Dunkelheit und die auf die Dialeinwand gerichtete Aufmerksamkeit fällt es vielen Kindern leichter, länger zu zuhören. Weil es weniger Ablenkung aus der Umgebung gibt hören deshalb im Bilderbuchkino auch Kinder zu, denen es sonst schwerer fällt.

Bilder für das Bilderbuchkino

Gescannte Bilder

Für das Bilderbuchkino brauchen Sie die Bilder in einer Form, in der Sie sie möglichst groß präsentieren können. Die einfachste Methode ist, wenn Sie die Bilder am Computer einscannen, und sie dann während des Vorlesens mit einem Beamer an die Wand oder auf eine Leinwand werfen. Nun gehört ein Beamer nicht gerade zur Standardausstattung eines Kindergartens. Gibt es keine Möglichkeit, ein entsprechendes Gerät auszuleihen, kann man auf die bewährten Dias zurückgreifen.

Dias anfertigen

Um Dias für das Bilderbuchkino zu erhalten, kann man die Bilder des Bilderbuchs einfach mit einem Diafilm abfotografieren. Dabei kommt es nicht darauf an, dass die Dias perfekte Reproduktionen der Bilder sind. Es kann ruhig zu sehen sein, dass zum Beispiel Wäscheklammern die Seiten offen halten. Das Wichtigste beim Abfotografieren der Bilder ist, darauf zu achten, dass das Licht auf den Bildern gut ist. Sie sollten die Bilder bei Sonnenschein draußen fotografieren – mit dem Sonnenlicht im Rücken bzw. auf dem Buch. Während des Vorlesens werden die Dias mit einem Diaprojektor gezeigt. Unbedingt zu beachten ist, dass man die Dias keinesfalls nutzen darf, um damit Geld zu verdienen, denn die Rechte an den Bilderbüchern liegen normalerweise beim herausgebenden Verlag. Wenn Sie also Reproduktionen in Form von Dias erstellen und diese bei Veranstaltungen präsentieren, zu denen Sie Eintritt verlangen, oder aber die Dias gegen Gebühren weiterverleihen möchten, müssen Sie zunächst beim Verlag anfragen, ob er Ihnen die Rechte dazu überlässt.

Fertige Medienpakete

Wenn Sie den Aufwand gering halten möchten, können Sie bei den Landesbildstellen oder den kirchlichen-Medienzentren kostengünstig fertige Diaserien zu vielen Bilderbuchklassikern ausleihen. Über die Internetseite www.bilderbuchkino.de kann man außerdem sehr hochwertige Medienpakete inklusive Diasätzen zu Bilderbüchern bestellen. Die Kosten für einen Satz Dias inklusive Medienpaket für eine Geschichte betragen 80 Euro. Das Medienpaket umfasst die Dias, das Bilderbuch und eine Arbeitsmappe zu dem Buch. Die Dias mit hochwertig reproduzierten Bildern sind aus Glas und damit stabiler und klarer als selbst angefertigte Dias.

Die Adresse von „bilderbuchkino“ außerhalb des Internets:

Matthias-Film gGmbH
Elisabeth Weller
Gänsheidestraße 67
70184 Stuttgart
Tel.: 0711/2405 12

Landesfilm- und Mediendienste

www.landesfilmdienst.de

Kirchliche Medienzentren

muk
medien und kommunikation
Fachstelle der evangelischen und katholischen Kirche
Schrammerstraße 3/IV
80333 München
Tel.: 0 89 / 21 37 15-44
Fax: 0 89 / 21 37 15-57
www.m-u-k.de

Verleih und Beratung:
medien und kommunikation
Nußbaumstraße 30
80336 München
Tel.: 0 89 / 53 07 33-3
Fax: 0 89 / 53 07 33-50
www.m-u-k.de

Das Extra – die Vertonung

Das Bilderbuch-Kino bietet noch eine sehr spannende Möglichkeit, die es beim Vorlesen nicht gibt: das Vertonen der Geschichte. Ähnlich wie im Stummfilm kann die Geschichte, die vorgelesen wird, durch die passenden Geräusche untermalt werden: Pferdegetrappel, tropfende Wasserhähne, Autos, Radiomusik, Kinderlachen … Der Fantasie sind keine Grenzen gesetzt. Suchen Sie gemeinsam mit den Kindern die passenden Geräusche und machen Sie das Bilderbuch-Kino zu einem ganz besonderem einmaligen Erlebnis für die Zuschauer.

Regelmäßige Bilderbuch-Kino-Termine

Das Bilderbuchkino ist auf alle Fälle eine Bereicherung zum täglichen Vorlesen. Planen Sie regelmäßig einen Bilderbuchkino-Nachmittag. Denn eine solche Veranstaltung ist auch ein attraktives Angebot für die älteren und jüngeren Geschwister. Auch viele Erwachsene genießen es, wenn Ihnen vorgelesen wird und dabei die Bilder als Dia zu sehen, in dieser inszenierten Kino-Atmosphäre kommen oft auch die Eltern gerne dazu.

Checkliste Bilderbuchkino

- Suchen Sie sich ein Buch aus, welches Sie im Bilderbuchkino zeigen möchten.
- Fotografieren Sie die Seiten mit einem Dia-Film und lassen Sie Dias davon anfertigen.
- Bereiten Sie den Raum für das Bilderbuchkino vor: Stellen sie die Leinwand auf, richten Sie den Diaprojektor aus und ganz wichtig: Probieren Sie das Weiterschalten der Dias aus. Stellen Sie die Kinositze bereit, schalten Sie das abgedämpfte Einlasslicht ein und bitten Sie das Publikum herein.
- Wechseln Sie die Beleuchtung: Nur noch eine Leselampe brennt und das erste Dia mit dem Titelbild des heutigen Bilderbuchs ist an die Wand projiziert.
- Bleiben Sie während des Vorlesens in Kontakt mit dem Publikum.
- Am Ende der des Buchs geht das Licht langsam wieder an und es kann sich noch ein Gespräch über das Buch anschließen.

Buchtipps:

Bücher, die sich für das Bilderbuchkino besonders eignen, vermitteln über die Bilder schon eine ganz besondere Atmosphäre. Wenn Sie überlegen, welche Bücher sich anbieten, stellen Sie sich die Bilder sehr groß und in einem dunklen Raum vor. Einige Vorschläge finden Sie hier:

„Der Weihnachtsnarr“, Max Bolliger/Gianni da Conno, Bohem Press

„Milli, Rudi und der Schatzfindefisch“, Angelika Glitz/Annette Swoboda, Thienemann Verlag

„Meeres Stille und Glückliche Fahrt“, Peter Schössow, Hanser Verlag

„Das ist kein Papagei“, Rafik Shami/Wolf Erlbruch, Hanser Verlag

Buchempfehlungs-Listen

Immer wieder werden Sie von Eltern gefragt, welche Bücher Sie zu bestimmten Anlässen und Themen empfehlen können. Die Eltern werden daher dankbar dafür sein, wenn Sie regelmäßig Buchempfehlungen an Sie weiterleiten. Wie auch die Buchausstellungen sind diese Empfehlungslisten zu den verschiedensten Anlässen, Situationen und Themen denkbar: Buchmessen, Exkursion zur Feuerwehr, Waldwoche, Piratenprojekt, Weihnachtsbücher, Bücher für Dreijährige und so weiter. Die Buchempfehlungsliste sollte ein fester Bestandteil jeder Buchausstellung und Projektvorbereitung sein. Mit der Zeit entsteht so ein großer Fundus an Lesetipps, auf die man immer wieder zurückgreifen kann und die nur gelegentlich um aktuelle Neuerscheinungen ergänzt werden müssen.

Das Verfassen von Lesetipps

Zu Beginn ist es sicher sehr zeitaufwändig, auf einmal mehrere Rezensionen für Bücher zu verfassen. Verteilen sie das Schreiben von Lesetipps auf alle Mitarbeiterinnen im Kindergarten und fragen Sie auch die Eltern, von denen sicher manche gerne bewährte Bücher empfehlen. Wenn die Arbeit von vielen Händen unterstützt wird, entsteht schnell eine kleine Sammlung mit Lesetipps.
Zu berücksichtigen ist vor allem, dass Sie keine umfänglichen Beurteilungen von Bilderbüchern schreiben müssen, sondern wirklich nur Tipps für empfehlenswerten Lesestoff zu Hause verfassen. Dazu ist kein abgeschlossenes Germanistik-Studium erforderlich, denn die Eltern erwarten schließlich keine wissenschaftliche Beurteilung eines Buchs. Die Buchempfehlung enthält lediglich eine subjektive Einschätzung eines Buchtitels und die Begründung, warum Sie das Buch in bestimmten Situationen gerne vorlesen oder warum die Kinder das Buch gerne vorgelesen bekommen.

Checkliste Inhalt einer Buchempfehlung

Fragen, die eine Buchempfehlung beantworten sollte:

- ☐ Wer hat das Buch geschrieben? Wer hat es illustriert?
- ☐ ISBN-Nummer, Verlag und Preis des Buchs
- ☐ Für welches Alter ist das Buch?
- ☐ Worum geht es in dem Buch? (maximal 2 Sätze)
- ☐ Welche Stimmung herrscht in diesem Buch? (maximal 2 Sätze)
- ☐ In welchen Situationen lesen Sie das Buch vor?

Checkliste Inhalt einer Buchempfehlung
☐ Warum gefällt Ihnen das Buch? (maximal 2 Sätze)
☐ Wenn vorhanden, Zitate von Kindern, warum ihnen das Buch gefällt.

In den Buchempfehlungslisten können Sie selbstverständlich auch Bücher empfehlen, die Sie nicht im Kindergarten haben. Vielleicht haben Sie selbst zu Hause ganz andere Bilderbücher oder haben bei Freunden, Verwandten, in der Bücherei oder im Buchladen schöne Bücher gefunden, die Sie gerne empfehlen möchten.
Den Buchempfehlungslisten kann man auch eine Rubrik hinzufügen mit Titeln, die sie selbst nicht gut genug kennen, um sie zu bewerten, die Sie eventuell nur in der Buchhandlung oder anderswo angelesen haben, die aber vielversprechend aussahen.

Die Verbreitung der Buchempfehlungen

Wenn irgend möglich sollten die Titel von den Empfehlungslisten in der Kindergarten-Bücherei wiederzufinden sein. Die aktuellen Buchtipps können sie zum Beispiel auf einem Extra-Tisch ausbreiten oder mit farbigen Punkten kennzeichnen.
Da die Kindertageseinrichtung Teil eines Netzwerks zur Leseförderung ist, ist es sinnvoll, die Empfehlungslisten auch an die örtliche Bücherei und die Buchhandlung zu übermitteln. Besonders die Bücherei stellt dann vielleicht als Service für ihre Besucher ebenfalls einen Extra-Tisch mit den Empfehlungen des Kindergartens zusammen.

Wenn Sie eine gewisse Sammlung von Lesetipps zusammenhaben, können Sie sich an die Redaktion der Tageszeitung oder an die örtliche Wochenzeitung wenden. Oft sind die Redaktionen auf der Suche nach Beiträgen für Kinder und Familien. Bieten Sie der Redaktion an, einmal in der Woche eine Buchvorstellung zu liefern. Unter der Buchempfehlung sollte der Name des Kindergartens stehen. Für die Leser wird so deutlich, dass die empfohlenen Bücher durch den Praxistest gegangen sind, und Sie machen ganz nebenbei eine gute Öffentlichkeitsarbeit in Sachen Leseförderung.

Checkliste zum Einsatz der Lesetipps

- Machen Sie Lesetipps zu einem festen Bestandteil Ihres Angebots.
- Sammeln Sie alle Lesetipps, um nach und nach ein Archiv aufzubauen, mit dem Sie immer wieder neue Empfehlungslisten zusammenstellen können.
- Fassen Sie sich beim Vorstellen der Bücher kurz.
- Verteilen Sie das Verfassen der Lesetipps auf möglichst viele Schultern.
- Verbinden Sie die Lesetipps mit anderen Angeboten der Einrichtung: Buchausstellungen, Kindergarten-Bücherei, Informations-Nachmittage etc.
- Machen Sie deutlich, dass Sie Teil eines Netzwerks zur Leseförderung sind, und geben Sie die Tipps an Buchhandlungen und Büchereien weiter.
- Veröffentlichen Sie die Lesetipps zum Beispiel in der Tageszeitung, dem örtlichen Anzeigenblatt oder in Fachzeitschriften.

Autoren-Lesungen in der Kita

Mit der Kinderbuchautorin Angelika Glitz darüber zu diskutieren, was man denn jetzt am besten mit der guten Fee macht, mit Achim Bröger auf Weltreise zu gehen oder zu sehen, wie aus dem Stift der Illustratorin Anke Kuhl ein Cowboy entsteht, ist ein fantastisches Highlight für die Kinder und Eltern in ihrem Kindergarten. Die Kinder erleben, wie sich eine Geschichte entwickelt, wie ein Buch entsteht und worauf es beim Illustrieren ankommt.
Auch das Vorlesen eines Bilderbuchs ist ein ganz anderes Erlebnis, wenn der Autor oder die Autorin des Buchs die Geschichte selbst vorträgt. Die Geschichte wird viel lebendiger, weil der Autor erzählen kann, warum Rudi denn ausgerechnet Rudi heißt, obwohl doch heutzutage kein Kind so heißt, oder warum der Himmel auf dem Bild orange ist und nicht blau.

Finanzieller Aufwand

Eine Lesung zu organisieren, ist gar nicht so schwer. Eigentlich brauchen Sie nur einen Autor oder Illustrator, der Lust und vor allem Spaß daran hat, für Kinder zu lesen, und eine schöne Vorleseatmosphäre. Allerdings – und deshalb wird eine Lesung bei immer nur ein besonderes Highlight im Kita-Alltag bleiben – müssen Sie für das Honorar des Autors mit Kosten von 250 bis 300 Euro zzgl. Umsatzsteuer, Fahrtkosten und Übernachtung rechnen. Günstiger sind die Kosten, wenn Sie einen Autor oder eine Autorin über den Friedrich-Bödecker-Kreis buchen, denn dieser Verein übernimmt einen großen Teil des Honorars. Nähere Informationen über die Organisation einer Lesung zusammen mit dem Bödecker-Kreis finden Sie im letzten Kapitel des Buches (siehe Seite 118 ff.).

Die Kosten für eine Autorenlesung lassen sich dann erheblich minimieren, wenn Sie mit anderen Einrichtungen (Kindergarten, Schule, Bibliothek, Buchhandlung ...) in Ihrer Stadt kooperieren, die vielleicht auch eine Lesung veranstalten möchten. Das kann sich durchaus lohnen, denn viele Autoren bekommen für eine einzelne Lesung am Tag ein sehr viel höheres Honorar als für zwei oder drei Lesungen am Tag. Außerdem werden in diesem Fall auch die Reise- und Übernachtungskosten geteilt.

Schritte auf dem Weg zu Ihrer Wunschlesung

1. Erstellen Sie eine Liste mit Ihren Wunschautoren oder -illustratoren.

Sie suchen sich einen Autoren oder Illustratoren, den Sie gerne zu einer Lesung einladen möchten. Gründe, warum Sie sich gerade für diesen Autoren entscheiden, gibt es viele: weil die Kinder das Buch so toll finden, weil Sie unbedingt einen Dinosaurier-Experten haben möchten, weil er aus der Umgebung kommt, weil Sie von anderen gehört haben, dass er ganz tolle Lesungen macht … Am besten ist es, wenn mehrere Grunde zusammenkommen. erstellen Sie eine Liste mit mehreren passenden Autoren, damit Sie nicht enttäuscht sind, wenn ihr Wunschkandidat absagt. Bedenken Sie, dass bei dem Lieblingsbilderbuch der Kinder fast immer zwei Personen in Frage kommen, die eine Lesung bei Ihnen bestreiten können: Autor bzw. Autorin und Illustrator bzw. Illustratorin. Viele Illustratoren veranstalten fantastische Lesungen und es bleiben Ihnen oft noch die Bilder, die während einer Lesung entstanden sind, als Wandschmuck für Ihre Einrichtung.

2. Nehmen Sie Kontakt mit dem Wunschkandidaten auf.

Wenn Sie Ihren Favoriten für die Lesung festgelegt haben, müssen Sie mit ihm sprechen, ob er oder sie zu einer Lesung im Kindergarten bereit ist. Die Adressen bzw. Telefonnummer von Autoren erhalten Sie entweder über den Friedrich-Bödecker-Kreis oder über den publizierenden Verlag. Oft gibt es bei den Verlagen einen festen Ansprechpartner für Lesungen oder Sie fragen nach dem Mitarbeiter, der für Öffentlichkeitsarbeit zuständig ist. Sprechen Sie immer zuerst den Verlag an, der die meisten Titel Ihres Wunschautors veröffentlicht hat, zum Beispiel: Angelika Glitz beim Thienemann Verlag, Hermann Schulz beim Carlsen Verlag oder Birte Müller beim Neugebauer Verlag. Welcher Verlag für Sie die geeignete Anlaufstelle ist, finden Sie schnell bei einem Besuch in der Buchhandlung, in der Bibliothek oder im Internet heraus. Der Verlag gibt Ihnen entweder die Adresse oder die Telefonnummer des Autors. Dann können Sie anrufen und mit dem Autor über die Lesung sprechen.

3. Legen Sie gemeinsam einen Termin fest.

Wenn Sie die Lesung alleine veranstalten, können Sie sich in punkto Terminfrage ganz nach dem Autor richten. Das kann oft günstig sein, denn möglicherweise können Sie die Fahrtkosten dadurch niedriger halten, wenn der Autor in der Nähe noch andere Lesungen veranstaltet. Wenn Sie mit anderen Einrichtungen kooperieren, sollten im Vorfeld schon verschiedene Auswahltermine abgestimmt worden sein.

4. Schicken Sie dem Autor/der Autorin eine Terminbestätigung und eine Honorarvereinbarung.

Wenn Sie sich telefonisch mit dem Autor über den Termin, die Dauer der Lesung, die Anzahl der Lesungen und der Kinder pro Lesung, die Ausstattung für die Lesung und das Honorar verständigt haben, sollten anschließend alle Absprachen schriftlich in einem Honorarvertrag festgehalten werden, den Sie dem Autor zukommen lassen. Damit ist die Lesung für beide Seiten verbindlich.

5. Bereiten Sie die Lesung auch inhaltlich vor.

Für viele eine Selbstverständlichkeit, aber leider nicht für alle: Eine Lesung, die mit den Kindern zusammen vorbereitet worden ist, ist ein viel schöneres Erlebnis, als wenn die Kinder noch nie vorher von dem Buch gehört haben. Die Kinder können mit dem Autor ganz anders in Kontakt treten, wenn sie die Geschichte schon kennen. Sie können mit dem Autor über die Geschichte zu sprechen und Fragen zu stellen. Von uns selbst wissen wir: Wenn wir als Erwachsene eine Lesung besuchen und das entsprechende Buch bereits vorher kennen, interessieren uns auch andere Fragen bzw. wir können überhaupt Fragen stellen, weil wir nicht mehr nur an die Handlung der Geschichte denken. Oft entwickeln sich Fragen zum Buch auch erst im Laufe der Zeit. Geben Sie den Kindern daher diese Chance! Lesen Sie das Buch, malen Sie Bilder dazu, basteln Requisiten aus dem Buch und lassen Sie die Kinder mit der Geschichte des Buchs spielen.

6. Bereiten Sie den Raum für die Lesung vor.

Vor der Lesung ist der Raum entsprechend vorzubereiten, die notwendigen Geräte, Diaprojektor, CD-Player, Flipchart, Pinwand – je nachdem, was mit dem Autor vereinbart wurde, müssen vorbereitet sein. Am besten überprüfen Sie vorher noch einmal, ob auch funktioniert. Denken Sie auch daran, ausreichend Wasser (ohne Sprudel!) für den Vortrag bereitzustellen. Selbstverständlich braucht der Autor einen Tisch und einen Stuhl in Erwachsenengröße zum Vorlesen, keinesfalls einen Kinderstuhl! Auch die Sitzgelegenheiten für die Kinder sind vorher vorzubereiten. Wenn die Kinder auf dem Fußboden um den Autor herumsitzen, besteht die Gefahr, dass sie schnell unruhig werden. Stellen Sie daher die Stühle eventuell im Halbkreis um den Lesetisch auf, damit alle Kinder gut sehen können. Halten Sie sich an die Absprachen mit dem Autor, was die Anzahl der Kinder angeht. Mehr als 50 Kinder sollten auf keinen Fall an der Lesung teilnehmen. Schaffen Sie eine angenehme Vorleseatmosphäre in dem Veranstaltungsraum.

Halten Sie einen Fotoapparat bereit, damit Sie die Lesung für sich und die Eltern der Kinder, die nicht dabei sind, dokumentieren können.

7. Der Tag der Lesung

Am Tag der Lesung sollte alles fertig vorbereitet sein, um den Gast in Ruhe empfangen zu können. Zeigen Sie ihm den Raum, in dem die Lesung stattfindet, und fragen Sie nach, ob alles seinen Vorstellungen entspricht. Wenn alles bereit ist – nicht zu lange vor Beginn der Lesung –, können die Kinder kommen. Sie begrüßen den Autor, stellen ihn kurz vor und dann kann es losgehen: Ohren auf und zugehört!

Nach der Lesung sind alle Kinder aufgekratzt, weil es so spannend war, die Erwachsenen haben alle Hände voll zu tun, die Kinder anzuziehen und in den Garten zu gehen, eine halbe Stunde später fragen Sie sich vielleicht, wo denn der Autor hin ist – er hat nur kurz „tschüß" gerufen und war dann verschwunden … Das sollte ihnen auf keinen Fall passieren! Nehmen Sie sich auch nach der Lesung Zeit, den Autor in Ruhe zu verabschieden und ihm zu sagen, wie es ihnen gefallen hat.

8. Das Buch begleitet Sie auch nach der Lesung weiter.

Jede Lesung erfordert auch eine gewisse Nachbereitung, denn die Kinder werden auf alle Fälle auch später noch Fragen haben. Daraus ergeben sich vielleicht neue Ideen für Projekte für den ganzen Kindergarten.

Checkliste Lesung im Kindergarten

- Stellen Sie eine Autoren-Wunschliste für Ihre Lesung zusammen.
- Nehmen Sie Kontakt mit dem Verlag des Autors auf.
- Sprechen Sie einen Termin, die Dauer der Lesung, den Titel für die Lesung mit dem Autor ab.

Checkliste Lesung im Kindergarten

- Treffen Sie eine Honorarvereinbarung mit dem Autor.
- Bereiten Sie mit den Kindern die Lesung inhaltlich vor.
- Bereiten Sie die Räumlichkeiten für die Lesung vor.
- Hören Sie gespannt zu.
- Dokumentieren Sie die Lesung.
- Bereiten Sie die Lesung mit den Kindern nach.

Exkursionen rund ums Buch

Rund um das Thema Leseförderung kann man sehr viele verschiedene Ausflüge mit Kindern machen, bei denen wahrscheinlich nicht nur die Kinder eine Menge Neues kennen lernen. So erfahren die Kinder nicht nur, wie es ist zu lesen, sondern auch, wie Texte oder Illustrationen entstehen, wie sie schließlich zwischen zwei Buchdeckel geraten und wie Bücher zu den Lesern bzw. die Leser an die Bücher kommen.

Bücherei und Buchhandlung

Ausflüge in die Bücherei oder in eine Buchhandlung gehören eigentlich zu den Standards der Leseförderung im Kindergarten. Jedes Kind sollte wissen, wo man in der Bücherei das richtige Buch findet und wie man sich Bücher ausleiht. Die Kinder kennen die Buchhandlung vor Ort und wissen, dass man dort Bücher kaufen kann und vor allem, dass die Buchhändler ihre

Kunden bei der Suche nach dem richtigen Buch unterstützen. Besuche in der Buchhandlung dienen nicht nur dem Buchkauf, fast alle Buchhandlungen veranstalten von Zeit zu Zeit auch Lesungen, die Sie mit den Kindern besuchen können.

Atelierbesuch bei Illustratoren und Autoren

Aufschlussreich ist auch ein Besuch mit der Kindergruppe bei Autoren oder Illustratoren. Natürlich geht das nicht immer, aber oft haben Illustratoren ein eigenes Atelier, in dem sie eine kleine Gruppe von Kindern empfangen können. Oder Sie kennen jemanden, der schreibt, und vereinbaren einen Besuch zu Hause in der Schreibstube des Autors. Wenn die Kinder im Arbeitszimmer eines Autors von ihm selbst seine Geschichte vorgelesen bekommen und sich anschließend mit ihm unterhalten können, ist das ein ganz besonderes Erlebnis. So wird ihnen auf anschauliche Weise klar, dass der Entstehungsprozess eines Buches mit einem leeren Blatt Papier oder Computerbildschirm beginnt. Ebenso beeindruckend ist ein Illustratorenatelier mit Farben, Stiften, Papier oder vielleicht auch nur einem Computer als Werkzeug.

(Kinderbuch-) Verlage

In vielen Städten gibt es Verlage, die Lesefutter für Kinder oder für Erwachsene produzieren. Erkundigen Sie sich danach, ob die Möglichkeit besteht, dort mit einer Gruppe von Kindern einen Besuch zu machen. Da es in Verlagen meist viel weniger spektakulär aussieht als in einem Atelier, müssen Sie einen Mitarbeiter finden, der Lust hat, den Kindern die Arbeit im Verlag auf anschauliche Weise vorzustellen. Bringen Sie Ihr Anliegen am besten bei der Abteilung für Presse oder Öffentlichkeitsarbeit vor. Vielleicht kennen Sie auch jemanden, der im Verlag arbeitet und Lust hat, Kindern einmal zu zeigen, wie die Laufbahn eines Buches aussieht, bevor es gedruckt vorliegt. Schlagen Sie dem Mitarbeiter im Verlag vor, was die Kinder interessieren könnte:

- Wie werden die Geschichten ausgesucht, die veröffentlicht werden?
- Was muss bei der Herstellung eines Buchs beachtet werden?
- Wie kommt ein Buch in die Buchhandlung?

Bereiten Sie die Exkursion in den Verlag mit den Kindern vor, indem Sie schon im Vorfeld über den Weg von der Idee zum Buch sprechen. So haben die Kinder mehr von dem Besuch und können auch entsprechende Fragen stellen. Bringen Sie ein Buch mit, das Sie mit den Kindern in der Einrichtung gebastelt haben, und erkundigen Sie sich danach, was mit diesem Buch passieren müsste, damit es in die Buchhandlungen kommen kann.

Zeitungsverlage

Tageszeitungen bzw. Redaktionen von Lokalausgaben oder Anzeigenblättern gibt es in den meisten größeren Orten. Und fast alle Kinder kennen den Anblick zeitungslesender Erwachsener. Im Rahmen der Leseförderung liegt es also nahe, einer Zeitungsredaktion einen Besuch abzustatten. Auch hier muss sich jemanden finden, der sich die Zeit nimmt, sich um die Kinder zu kümmern, denn das Tagesgeschäft ist bei Zeitungen sehr hektisch. Eine Möglichkeit ist zum Beispiel auch, mit den Kindern an einer Redaktionssitzung teilzunehmen. Sie erleben dabei die Redakteure, die von Außenterminen zurückkommen, und wie entschieden wird, welche Artikel in die Zeitung kommt und welche nicht. Eine solche Unternehmung ist jedoch nur mit den etwas älteren Kindern sinnvoll und auch muss der Besuch in der

Redaktion gut vorbereitet sein. Dann wird es für alle sicher ein spannendes Erlebnis. Im Anschluss an einen solchen Redaktionsbesuch können Sie eine eigene Kindergarten-Zeitung mit den Kindern zusammenstellen, die die Eltern und die Nachbarschaft Ihrer Einrichtung über alles Wichtige aus dem Alltag der Kinder informiert.

Druckereien

Sind Sie selbst schon einmal in einer Druckerei gewesen? Dieser Bereich in der Herstellung eines Buches oder von Zeitungen ist im Gegensatz zu den anderen Betrieben optisch deutlich beeindruckender: Viele große Maschinen, Ohren betäubender Lärm – und am Ende kommen gedruckte Worte dabei heraus. Wenn es in der Nähe der Kindertageseinrichtung eine Druckerei gibt – das muss keine große Druckerei sein, denn auch kleine Druckmaschinen sehen schon ganz imposant aus – sollten Sie unbedingt mit den Kindern hingehen. Mit welcher Geschwindigkeit weißes Papier im 4-Farbdruck bedruckt wird, wird nicht nur die Kinder faszinieren.

Die Buchbinderwerkstatt

Ein absoluter Gegensatz zu den modernen Druckmaschinen ist die Buchbinderwerkstatt. Bücher reparieren und besondere Bücher neu binden und gestalten, sind die Aufgaben des Buchbinders. Buchbinder öffnen in der Regel gerne ihre Werkstatt, um zu zeigen, wie sie arbeiten. Die Kinder erleben bei diesem Besuch ein ganz ursprüngliches Verhältnis zum Buch und ein altes Handwerk. Neue Bücher werden in der Werkstatt nicht zu finden sein, weil die heutigen Bindungen gar nicht mehr dafür geeignet sind, repariert zu werden. Aber es ist interessant zu sehen, dass es nicht nur die bei

Taschenbüchern üblichen Klebebindungen gibt, sondern auch traditionelle Bindungen, bei denen die Seiten richtig mit Nadel und Faden zusammengenäht werden.

Die eigene Bücherwerkstatt

Kinder schreiben und illustrieren selbst ein Buch

Nach Lesungen ist eine der häufigsten Fragen von Kindern, wie denn aus der Geschichte ein Buch wird. Und wie aus einzelnen Bildern ein Bilderbuch wird, das man schließlich im Laden kaufen kann, ist auch für viele Erwachsene eine spannende Frage. Eine Bücherwerkstatt lässt Kinder und Erwachsene erleben, wie aus einer Idee eine Geschichte wird. Sie können nachempfinden, wie sich ein Autor oder eine Illustratorin fühlt, können ihre Fantasie spielen lassen und gestalten aktiv den Entstehungsprozess eines Buchs mit. Diese Erfahrung ist eine wichtige Voraussetzung für die Wertschätzung von Büchern. Ganz nebenbei lernen die Kinder viele Begriffe rund ums Lesen, wie etwa „Geschichte", „Hauptfigur" und „Handlung", kennen und verstehen.

Vorbereitungen

Für eine Bücherwerkstatt brauchen Sie Papier für die Seiten, zwei Pappen für den Einband, Buchbinderleinen für die Bindung, Tuschfarben zum Malen, einen Stift zum Schreiben der Texte und Klebstoff. Aus den Pappen fertigen Sie mit dem Buchbinderleinen den Umschlag. Kleben Sie die Pappen nicht zu dicht zusammen, denn die Seiten, die entstehen, haben eine ziemliche Dicke, die vom Leinen umfasst werden muss. Buchbinderleinen

A B C D E F G H I J K L M N O P Q R S T U V W X Y Z

König Franz hat ein Problem: Er ist dick. Er isst alles, was er in die Finger bekommt. Bis eines Tages etwas passiert ...

RUMS

Jana Schnuferdtfeger

Carolina Felberbaums

Klara

Janis LINNEA, Marcel

Engel Friedrike

PAULINE Mona Lee

SVANTE Nele Amina

Eva Charlotte

TUNK

können Sie in gut sortierten Bastelgeschäften oder ganz einfach bei einem Buchbinder beziehen.
So viele Kinder, die bei der Bücherwerkstatt mitmachen, so viele Doppelseiten bekommt das selbst gefertigte Buch. Welches Format das Buch haben soll, entscheiden Sie im Vorfeld. In der Regel haben Bilderbücher ein Format um DIN-A4 herum. Das würde bedeuten, dass jedes Kind ein DIN-A3-Blatt erhält und darauf seine Doppelseite gestaltet. Das Bilderbuch kann auch ein größeres Format haben, kleiner als DIN-A4 sollte es möglichst nicht werden, damit die Kinder ausreichend Platz zum Gestalten haben.

Gemeinsame Konzeption und Produktion

Alle Kinder denken sich zunächst gemeinsam eine Geschichte aus, die in den Grundzügen festgehalten wird. Wenn der Anfang feststeht, beginnen die ersten Kinder oder ein Kind, das erste Bild des Buchs zu entwerfen, während die übrigen überlegen, wie es weitergeht und was auf dem nächsten Bild zu sehen sein soll. Wieder finden sich ein oder zwei Kinder, die Lust haben, das Bild zu malen, so geht es weiter bis zum Ende der Geschichte. Den Text zu den Bildern schreiben Sie jeweils auf die passenden Seiten.
Am Schluss wird gemeinsam überlegt, wie das Titelbild aussehen soll und was auf die Rückseite des Buchs gehört. Denken Sie dabei auch an die Autoren, Illustratoren, die „ISBN-Nummer“ und eine Inhaltsangabe.
Sind die Bilder trocken, müssen die Doppelseiten und der Umschlag zusammengeklebt werden. Fertig ist ein ganz individuelles Bilderbuch! Damit alle sehen, was für ein schönes Werk aus Kinderhand entstanden ist, wird das Buch an einem zentralen Ort im Kindergarten ausgestellt, wo alle Kinder es anschauen und lesen können.

Das Original: Die Bücherwerkstatt mit der Illustratorin Birte Müller

Ein besonderes Erlebnis ist es, wenn die Bücherwerkstatt zusammen mit einem echten Autoren oder einer Autorin stattfindet. Einige Autoren bieten es an, gemeinsam mit den Kinder ein Bilderbuch zu erstellen. Eine von ihnen ist Birte Müller, die zum Beispiel die Bücher „Fritz Frosch" oder „Fin kocht" (beide Neugebauer-Verlag) geschrieben und illustriert hat. In Ihrem Bilderbuch-Werkstattkoffer bringt die Autorin unter anderem einen riesigen Andruckbogen, auf dem alle einzelnen Buchseiten zu finden sind, mit, sowie Dias von ihrem eigenen Schreibtisch und ihren Skizzen. Falls Sie eine Bücherwerkstatt mit Birte Müller buchen möchten, erreichen Sie die Autorin per Mail unter birte@illuland.de oder über den Neugebauer Verlag, den Sie wiederum über den Nord-Süd Verlag erreichen:

Nord-Süd Verlag AG
Industriestraße 8
CH-8625 Gossau (ZH) – Schweiz
Tel.: (0041/1) 9366868
info@nord-sued.com
www.nord-sued.com

Checkliste Bücherwerkstatt

- Legen sie vor der Bücherwerkstatt die notwendigen Materialien bereit.
- Lassen Sie den Ideen der Kinder freien Lauf.
- Lassen Sie die Kinder die Bilder malen und schreiben Sie den Text dazu.
- Fügen Sie die Seiten zu einem Buch zusammen.
- Lesen Sie das Buch vor.
- Präsentieren Sie das Buch allen Kindern in der Einrichtung.

5. Die Dokumentation der Bildungsarbeit

Das Image der Kita als professionelle Bildungseinrichtung

Im Kindergarten entstehen häufig Spannungen zwischen Eltern und Erzieherinnen, weil ein Teil der Eltern sehr viel vorschulische Förderung einfordert. Die Eltern spüren den Druck, dem ihre Kinder ausgesetzt sind, wenn die Bildungsbemühungen und -erfolge der Kita nicht ausreichen, um in der Schule auf einem möglichst hohen Niveau mithalten zu können. Aus der Befürchtung heraus, dass ihr Kind irgendwann den Anschluss verlieren könnte, streben sie von vorneherein so viel Bildung wie möglich für ihr Kind an.

Diese Ängste der Eltern sind berechtigt. Eltern möchten für ihr Kind selbstverständlich nur das Beste, und die Schule entscheidet rigoros über die Chancen in der Bildungslaufbahn. Versuchen Sie, sich die Sorgen der Eltern bewusst zu machen, wenn Sie das nächste Mal darüber stöhnen, wenn Sie die Frage nach Vorschulmappen beantworten müssen. Eigentlich können Sie sich auch über das Interesse der Eltern an Ihrer Arbeit freuen und sich auf entsprechende Fragen vorbereiten. Möglicherweise kommen solche Fragen gar nicht auf, weil die Dokumentation Ihrer Bildungsförderung so umfassend ist, dass keine Zweifel daran bestehen, dass Sie die Kinder optimal auf die Schullaufbahn vorbereiten.

Vermittlung der Bildungsarbeit an die Eltern

Alle Eltern Ihres Kindergartens, besser noch im gesamten Einzugsgebiet, wissen, dass Sie die vorschulische Bildung sehr ernst nehmen und die Kinder in Ihrer Einrichtung entsprechend fördern. Das Image Ihres Kindergartens als professionelle Bildungsstätte stimmt, wenn die Eltern die folgende Einschätzung äußern: „Lisa ist ja seit zwei Jahren in der Tigergruppe und sie hat so viel Spaß daran, Neues zu lernen, da werde ich schon manchmal richtig neidisch. Geh mit Peter unbedingt auch in die Wilde 13!" Wenn so über Sie geredet wird, ist die Dokumentation Ihrer Bildungsarbeit offensichtlich gelungen.
Natürlich sprechen die Eltern nicht ohne Grund so über Sie und Ihre Arbeit, eine solche Bewertung setzt eine kontinuierliche Dokumentation der Kita-Arbeit und Präsenz in der Öffentlichkeit voraus. Um möglichst viele Eltern zu erreichen, ist es erforderlich, die Arbeit Ihrer Einrichtung auf möglichst vielen verschiedenen Wegen zu kommunizieren.

Zeigen Sie, dass Sie Bildungsprofis sind!

Nicht allen Eltern ist das Thema Bildung wichtig. Oft sind Eltern mit problematischen eigenen Bildungserfahrungen daran deutlich weniger interessiert und betrachten es auch für ihre Kinder als weniger wichtig. Wenn Sie gerade den Kindern solcher Eltern neue Chancen und Perspektiven eröffnen wollen, müssen Sie versuchen, das Bewusstsein der Eltern für Bildung wieder zu öffnen, damit Sie aus dem Elternhaus wenigstens keinen Widerstand gegen Ihre Bildungsarbeit im Kindergarten bekommen. Die Ziele Ihrer Dokumentationsbemühungen sind hier natürlich auf einer anderen Ebene angesiedelt als bei den Eltern, die sehr konkrete Vorstellungen von der angestrebten Bildung ihrer Kinder haben. Während Sie letzteren ein umfassendes Bil-

dungskonzept vorstellen können, müssen Sie bei den anderen ein Minimalziel kommunizieren, das heißen könnte: Bildung eröffnet neue Perspektiven. Die Informationsangebote für solche Eltern müssen eher konkret sein, zum Beispiel eine klare Dokumentation Ihrer Projekte im Kindergarten, Bilderbuch-Kino, Ausflugstipps, Geschenktipps oder eine persönliche Einladung zu Veranstaltungen im Kindergarten gemeinsam mit anderen Eltern aus dem persönlichen Umfeld.

Einige Vorschläge zur Dokumentation Ihrer Bildungsarbeit finden Sie in den vorherigen Kapiteln: Buchausstellungen, Wandzeitung, Lesetipps, Kinder-Bestseller-Liste, Bilderbuchkino und Lesungen im Kindergarten. Bei diesen Angeboten zeigen Sie den Eltern, wie Sie das Lesenlernen in der Schule vorbereiten und laden sie zum Mitmachen ein. Es gibt aber auch noch viele weitere Möglichkeiten, auf Ihre Bildungsarbeit hinzuweisen.

Wege der Öffentlichkeitsarbeit

Ausstellungen zur Kita-Arbeit in öffentlichen Räumen

In vielen Sparkasse-Filialen gibt es immer wieder Ausstellungen von Künstlern aus der Region. Auch die Kinder in Ihrer Einrichtung sind „regionale Künstler“: Zum Thema „Sonnenblumen“ haben sie vielleicht fantastische Bilder gemalt, Skulpturen gebastelt, Texte verfasst und Beobachtungen durchgeführt, die zeigen, auf welch unterschiedliche Weise sie sich dem Thema Sonnenblumen genähert haben. Wenn Sie in Kooperation mit der Sparkasse oder einer anderen öffentlichen Einrichtung eine Auswahl der Werke ausstellen, können Sie einem größeren Publikum demonstrieren, wie Kinder sich bilden und ihr Wissen erweitern.
Neben den Sparkassen kommen noch viele andere Orte für die Präsentation einer Ausstellung in Frage: Buchhandlungen, Büchereien, Einkaufspassagen, Banken, Stadtteilzentren, Rathäuser, Behörden, Theater, Museen ... Überlegen Sie, wo möglichst viele Eltern vorbeikommen und fragen Sie an, ob es Interesse gibt, Ihre Ausstellung zu präsentieren.

Auswahl und Aufbereitung der Werke

Damit sie für die öffentlichen Räume interessant ist, müssen Sie die Werke der Kinder entsprechend aufbereiten: Bilder in Wechselrahmen mit Rahmen und Passepartout, kurze Beschriftung an den Bildern (Titel des Bildes, Name und Alter des Kindes), Schilder, die kurz in das Projektthema einleiten, kurze Informationen über Ihren Kindergarten ... Vor allem ist es wichtig, eine prägnante Auswahl der Werke zu treffen. Einerseits soll in der Ausstellung die ganze Bandbreite des Projektthemas deutlich werden, andererseits wollen Sie die vorbeilaufenden Besucher nicht mit Informationen erschlagen.

Der Vorteil einer Ausstellung in öffentlichen Räumen ist, dass Sie auch Eltern erreichen, die nicht in Ihrem Kindergarten ein- und ausgehen. Eine wichtige Zielgruppe sind hier vor allem diejenigen Eltern, deren Kinder erst ins Kindergartenalter kommen. Aber auch viele andere Eltern werden durch eine solche Ausstellung an die Kindergartenzeit ihrer Kinder erinnert und möglicherweise dazu motiviert, Zeit oder Geld für Ihre Bildungsarbeit spenden. Das wiederum hilft Ihnen, Ihre anspruchsvolle Bildungsarbeit weiterzuführen.

Checkliste Ausstellung in öffentlichen Räumen

- Listen Sie die Orte auf, an denen viele Eltern vorbeikommen.
- Wählen Sie ein attraktives Thema für Ihre Ausstellung.
- Bereiten Sie die Ausstellung für ein breites Publikum auf: Werkauswahl, Beschriftungen, Schilder, Rahmen, Informations-Texte etc.
- Fragen Sie mit Fotos von Ihrer Ausstellung nach der Möglichkeit, die Ausstellung zu präsentieren.
- Begleiten Sie die Ausstellung mit Artikeln in der Lokalpresse und Veranstaltungen in Ihrer Einrichtung.
- Legen Sie einen oder zwei feste Zeitpunkte im Jahr fest, an denen Sie eine Ausstellung öffentlich präsentieren.

Die Kindergarten-Homepage als Informationsquelle für die Eltern

Im Berufsalltag gehört das Internet für viele Eltern inzwischen als selbstverständliches Informationsmedium dazu. Oft wird am Arbeitsplatz auch einmal die private Post erledigt bzw. die Homepage des Kindergartens angesehen, um die neuesten Termine zu erfahren. Sämtliche Informationen rund um Ihre Arbeit im Kindergarten sollten daher auf Ihrer Internet-Seite zu finden sein, angefangen von den Öffnungszeiten, Mitarbeitern in den einzelnen Gruppen, über die pädagogische Konzeption bis hin zu detaillierten Informationen rund um Ihre Leseförderung: aktuelle Lesetipps, eine Auswahl der aktuellen Fotos zum Thema Lesen und die Termine für Lesungen und das Bilderbuch-Kino. Einen zusätzlichen Service bieten Sie den Eltern, wenn diese einen Mail-Newsletter abonnieren können, in dem diese Termine regelmäßig verschickt werden. Viele Eltern nehmen diese Mail eher zur Kenntnis als den zerknickten Zettel, den ihr Kind aus dem Kindergarten mit nach Hause bringt.

Veranstaltungen für Eltern und Interessierte rund ums Lesen

Öffnen Sie die Türen des Kindergartens und laden Sie Eltern und andere Interessierte ein! Bieten Sie in loser Folge Veranstaltungen rund ums Thema Lesen in Ihrer Einrichtung an. Gemeint ist hier nicht der klassische Elternabend, an dem Sie über das Lesen in Ihrer Einrichtung informieren, sondern es geht vielmehr um offene Veranstaltungen, zu denen auch Menschen kommen können, die zunächst einmal nichts mit Ihrem Kindergarten zu tun haben. Hier sind viele verschiedene Veranstaltungsformen denkbar: Lesungen unterschiedlichster Art, Diskussionsrunden und Expertengespräche zum Thema Bildung, Schreibwerkstätten, Illustrationsworkshops, Malkurse am Wochenende. Machen Sie Ihre Einrichtung zu einem lebendigen Ort für Bildung. Diese Veranstaltungen müssen Sie nicht alle selbst organisieren. Aber Sie können signalisieren, dass man Ihre Räume für Kurse,

Lesungen, Seminare und Werkstätten mieten kann. Damit werden Sie Teil des Bildungsnetzwerks in Ihrem Gemeinwesen.

Beteiligung der Eltern an den Bildungsprozessen der Kinder

Lassen Sie die Eltern die Bildungsprozesse und Erfolgserlebnisse ihrer Kinder nacherleben. So können Sie zum Beispiel die Bücherwerkstatt auch an einem Elternabend zusammen mit Eltern durchführen, die Symbole für ein Bild-Bilderbuch basteln und damit eine Geschichte schreiben oder gemeinsam ein Bilderbuch für das Bilderbuch-Kino vertonen. Die Eltern erhalten auf diese Weise einen sehr lebendigen Eindruck von den Bildungserfahrungen ihrer Kinder und können so auch ganz anders an den Bildungserfolgen Anteil nehmen.

Dokumentation der Fort- und Weiterbildungen im Team

Zeigen Sie, dass Sie auf dem Laufenden bleiben. Legen Sie Ihre Fachzeitschriften aus. Fehlt jemand aus Ihrem Team, weil er auf einer Weiterbildung ist, kommunizieren Sie das auch gegenüber den Eltern. Die betreffende Fachkraft kann anschließend einen kurzen Eindruck von seiner Weiterbildung niederschreiben, der öffentlich ausgehängt wird. Vermitteln Sie den Eltern, welche Impulse von Weiterbildungen bekommen haben und welche Ideen Sie umsetzen möchten. Empfehlen Sie die Fachbücher, auf denen Ihre Arbeit aufbaut. Die wenigsten Eltern werden sich die Bücher durchlesen oder überhaupt in die Hand nehmen, doch vermitteln Sie den Eltern damit das Gefühl: Mein Kind wird von qualifizierten Fachkräften betreut und ist in den besten Händen.

Veranstaltungs- und Ausflugstipps

Listen Sie Veranstaltungen auf, wo es in der nächsten Zeit für Kinder etwas zu entdecken gibt: Lesungen, Ausstellungen, besondere museums- oder theaterpädagogische Angebote, Tag der offenen Tür in der Kläranlage mit Kinderführung, Seifenkistenwettrennen mit Bastelworkshop, Tierolympiade im Zoo … und informieren Sie die Eltern über diese Ausflugtipps für das Wochenende. Wenn Kinder zusammen mit Eltern Zeit verbringen und alle dabei etwas lernen können, ist das für die Familie eine kostbare Zeit und Ihre Mühe hat sich gelohnt.

6. Ein Netzwerk zur Leseförderung

Stiftung Lesen

Wettbewerbe

Die Stiftung Lesen ist die bekannteste Institution, die sich mit Leseförderung beschäftigt. Sie schreibt jedes Jahr verschiedene Wettbewerbe zu Leseförderung aus: Goldener Vorlesebär, Wettbewerbe zu aktuellen Filmen usw. Informationen über die laufenden Wettbewerbe finden Sie am schnellsten auf der Homepage der Stiftung Lesen.

Vorlese-Paten

Außerdem fördert die Stiftung seit Jahren die Idee der Vorlese-Paten. Mit einem Vorlesemobil reisen Mitarbeiter der Stiftung Lesen durch Deutschland und geben Vorlese-Seminare, bei denen interessierte Ehrenamtliche erfahren, wie sie Vorlese-Paten werden können. Diesen Vorlese-Paten bietet die Stiftung Lesen an, Mitglied im Vorlese-Club zu werden. Nach einer bestimmten Anzahl von Vorlesestunden bekommen die Vorlese-Paten eine Anerkennung von der Stiftung Lesen. Wenn Sie den Vorlese-Paten Ihrer Einrichtung ein Vorlese-Seminar anbieten möchten, ist die Stiftung Lesen Ihr erster Ansprechpartner. Dort können Sie direkt einen Seminartermin buchen. Ein Vorlese-Seminar kostet Sie 150 Euro und eine Übernachtung für die Referentin der Institution.

Buchempfehlungslisten

Für Ihren Alltag sehr hilfreich sind die Buchempfehlungslisten, die die Stiftung Lesen herausgibt. Nach Themen aus den verschiedensten Bereichen sortiert finden Sie Bücher für jedes Alter zusammengestellt. Das Angebot der Empfehlungen reicht von Sachbüchern und Nachschlagewerken bis zu Belletristik und Kinder- und Jugendbüchern. Eine Übersicht der Empfehlungslisten finden Sie im Internet. Dort können Sie sich die Listen auch direkt auf Ihren Computer herunterladen. Sie können die Buchtipps aber auch bei der Stiftung Lesen bestellen.

Stiftung Lesen
Römerwall 40
55131 Mainz
Tel.: 06131/28890-0, Fax: 06131/230333
www.StiftungLesen.de

Arbeitskreis für Jugendliteratur e.V.

Jugendliteraturpreis

Der Arbeitskreis Jugendliteratur ist vor allem durch die Verleihung des Deutschen Jugendliteraturpreis bekannt. Einmal im Jahr wird der Preis in verschiedenen Kategorien verliehen. Seit zwei Jahren gibt es auch eine Kinderjury, die ergänzend zur Jury aus Erwachsenen ihren Preis vergibt.

Buchkataloge zum Bilderbuch- und Kinderbuchmarkt

Vor allem aber gibt der Arbeitskreis für Jugendliteratur zwei Buch-Kataloge heraus, die Ihnen die Übersicht über den Bilderbuchmarkt und die Entscheidung für das richtige Bilderbuch enorm erleichtern. In den beiden Publikationen „Das Bilderbuch" und „Das Kinderbuch" werden 150 Bilderbücher und über 300 Kinderbücher themensortiert vorgestellt und bewertet. Sie können sich mit diesen Katalogen einen sehr guten Eindruck von den vorgestellten Büchern verschaffen und sich gezielt für ein Buch entscheiden. Außerdem finden zu jedem Buch Hinweise, zu welchem Thema sich das Buch im Alltag mit Kindern einsetzen lässt. Diese beiden Publikationen gehören in jeden Kindergarten. Bestellen können Sie sie unter folgender Anschrift:

Arbeitskreis für Jugendliteratur e.V.
Metzstraße 14 c
81667 München
Tel.: 089/4580806, Fax: 089/45808088
www.bkj.de/akj

Bücherpiraten e.V.

Seminare zur Leseförderung

Wenn Sie Referenten für Seminare zum Thema Lesen, Bücher und Leseförderung oder Workshops zu einzelnen Bilderbuchtiteln oder Themenkreisen von Bilderbüchern suchen, sind Sie bei den Bücherpiraten richtig. Der Verein Bücherpiraten bietet Seminare für die unterschiedlichsten Zielgruppen an: Eltern, ErzieherInnen, LehrerInnen, interessierte Erwachsene und Vorlese-Paten.

Lese- und Schreib-Festivals für Kinder

Außerdem organisiert der Verein Festivals zum Thema Lesen und Schreiben für und mit Kindern und Jugendlichen und betreut Book-Buddy-Patenschaften.

Wenn Sie für Ihre Eltern, Vorlese-Paten oder in Ihrem Team ein Seminar buchen möchten, Fragen zur Organisation von Lesefestivals oder der Betreuung von Book Buddies haben, wenden Sie sich an:

Bücherpiraten e. V.
Postfach 11 11 01
23521 Lübeck
Ansprechpartner: Martin Gries
Tel.: 0451/3846005, Fax: 0451/3846007
m.gries@buecherpiraten.de
www.buecherpiraten.de

Friedrich Bödecker Kreis e.V.

Lesungen

Mit Hilfe des Friedrich-Bödecker-Kreises können Sie in Ihrer Einrichtung Lesungen veranstalten, die kostengünstiger sind, als wenn Sie die Autoren direkt in den Kindergarten einladen, denn der Friedrich-Bödecker-Kreis übernimmt einen großen Teil des Honorars von Autoren. Um gemeinsam mit dem Friedrich-Bödecker-Kreis eine Lesung zu initiieren, brauchen Sie zunächst das Autorenverzeichnis des Bödecker-Kreises. Denn nur die Autoren, die in diesem Verzeichnis stehen, arbeiten mit dem Bödecker-Kreis zusammen und können zu den günstigeren Konditionen gebucht werden.

Dieses Verzeichnis finden Sie entweder im Internet oder können es in gedruckter Form beim Bundesverband in Hannover bestellen. Die Adresse finden Sie auf der Seite 120.

In dem Autorenverzeichnis werden die Autoren und ihre Bücher kurz vorgestellt. Sie finden Hinweise zu der Art der Lesung und Angaben über Altersgruppe und Gruppengröße für die die Autoren lesen. Sie wählen sich einen oder mehrere Autoren aus und wenden sich an den jeweiligen Landesverband des Bödecker-Kreis (Adressen im Internet oder beim Bundesverband). Dort wird Ihr Wunsch aufgenommen. Da sich die Bödecker-Kreise über öffentliche Mittel und Spenden finanzieren, sind die Möglichkeiten, Lesungen zu bezuschussen, jedoch begrenzt. Sind diese Mittel aufgebraucht, gibt es auch keine günstigen Lesungen mehr für Sie. Außerdem gibt es für die prominenteren Autoren im Bödecker-Kreis, wie zum Beispiel Achim Bröger, Jürgen Banscherus oder Jörg Hilbert, lange Wartelisten, da die

Nachfrage nach Lesungen mit diesen Autoren besonders groß ist, sich die Ermäßigung im Honorar hier auch besonders auswirkt.

Termine und Kosten

Wünsche für Lesungen sollten Sie sehr frühzeitig anmelden und möglichst nicht auf einen Termin festgelegt sein, weil Sie mit Wartezeiten von bis zu einem Jahr rechnen müssen.
Wenn die Lesung Ihnen aber vom Bödecker-Kreis ermöglicht wird, ist alles genauso als wenn Sie die Lesung selber organisieren. Sie bekommen von Ihrem Landesverband eine Terminbestätigung. Die weiteren Vorbereitungen klären Sie dann direkt mit dem Autor. Der Unterschied zur selbst organisierten Lesung ist, dass sich das Autorenhonorar in der Regel nur bei ca. 110 Euro liegt, was natürlich erheblich leichter zu beschaffen ist, als das sonst übliche Honorar von 250 bis 300 Euro. Um den deutlich ermäßigten Honorarsatz zu zahlen, müssen Sie allerdings in einigen Bundesländern Mitglied im Bödecker-Kreis sein. Die genauen Modalitäten sind mit der jeweiligen Geschäftsstelle zu klären.

Bundesverband der Friedrich-Bödecker-Kreise e.V.
Geschäftsführer: Herr Udo von Alten
Künstlerhaus/Sophienstraße 2
30159 Hannover
Tel.: 0511/9805823, Fax: 0511/8092119
fbk.nds@t-online.de
www.boedecker-kreis.de

Die Bücherei vor Ort

Kooperation zwischen Kita und Bücherei

Selbstverständlich arbeiten Sie im Hinblick auf die Leseförderung mit ihrer öffentlichen Bücherei zusammen. Sie gehen mit den Kindern hin und leihen dort Bücher aus und sind vielleicht auch schon zu einer Lesung dort gewesen. In größeren Büchereien gibt es eine eigene Kinder- und Jugendbuchabteilung mit eigener Leitung. Kontaktieren sie den/die entsprechenden Mitarbeiter/-in. Fragen Sie, welche Angebote es für Kinder in der Bücherei gibt und ob die Bücherei Interesse an einer Kooperation hat. Erzählen Sie, was Sie im Kindergarten machen und laden Sie die Bücherei ein, sich gestaltend mit einzubringen. Die Resonanz kann sehr unterschiedlich sein. Oft wird es erst einmal eine etwas abwartende Position sein, da viele Büchereien sehr wenig Personal haben und zusätzliche Arbeit erst einmal skeptisch gesehen wird. Sie sollten deshalb schon vor dem Gespräch Ideen haben, wie die Zusammenarbeit konkret aussehen könnten und was – und das sollte möglichst wenig sein – das Personal der Bücherei dazutun müsste. Das kann ganz anders sein, wenn Ihre Bücherei personell sehr gut besetzt ist. Dann können Sie auch mit weniger vorstrukturierten Ideen auf gute Resonanz stoßen. Seien Sie auf alle Fälle offen für die Vorschläge der Mitarbeiter der Bücherei und versuchen sie, auf deren Bedürfnisse einzugehen. Die Bücherei ist ein wichtiger Teil des Netzwerk rund um Leseförderung.

Möglichkeiten für den Alltag:

- Eine Kooperation mit der örtlichen Bücherei bietet sich vor allem bei den Buchausstellungen an. Sie können eine größere Auswahl Bücher vorstellen, ohne dass Sie diese alle selbst kaufen müssen. Die Bücherei kann bei sich vor Ort Ihre Buchausstellung aufgreifen und präsentiert ihr Angebot.

- Informieren Sie Ihre Bücherei über die Bücher, die gerade bei Ihnen aktuell sind, welches Thema gerade interessant ist oder welche Themen und Titel die Eltern gerade vermehrt nachfragen. Dasselbe kann eine Mitarbeiterin der Bücherei für Sie tun. Ein solcher Austausch und die gegenseitige Information können ganz einfach und unkompliziert per Mail oder Fax erfolgen.
- Laden Sie die Mitarbeiter der Kinder- und Jugendbuchabteilung zu Veranstaltungen zum Thema Kinder- und Jugendbücher ein.
- Veranstalten Sie gemeinsam Lesungen. Wenn der Autor morgens bei Ihnen liest und nachmittags in der Bücherei, teilen sich die Reisekosten und das Honorar wird geringer.

Die Buchhandlung vor Ort

Der Buchhändler vor Ort ist ein wichtiger Partner für Sie. Er kann Ihnen bei der Auswahl der Bücher helfen, gestaltet zusammen mit Ihnen Buchausstellungen, veranstaltet Lesungen, informiert Sie über passende Neuerscheinungen, führt Info-Abende zu bestimmten Büchern bei Ihnen durch und so weiter. Informieren Sie Ihre Buchhandlung darüber, was in Sachen Bücher und Lesen bei Ihnen gerade aktuell ist. Beziehen Sie die Buchhandlung auf dieselbe Art und Weise in Ihren Alltag ein wie die Bücherei.

Kinder- und Jugendbuchverlage

Die Kinder- und Jugendbuchverlage beschäftigen sich eigentlich nicht mit Leseförderung. Trotzdem bekommen Verlage immer Anfragen, Bücher für Kindergärten zu schenken oder zu spenden. Mit solchen Anfragen, werden Sie keinen Erfolg haben. Verlage sind für Sie da, wenn Sie eine Lesung organisieren möchten, um Ihnen den Kontakt zu Autoren zu vermitteln oder Ihnen Werbematerial zur Verfügung zu stellen. Die Mitarbeiter für Öffentlichkeitsarbeit sind dann für Sie der richtige Ansprechpartner.

Deutschland liest vor

„Deutschland liest vor" ist eine junge Initiative unter der Schirmherrschaft von Doris Schröder-Köpf, die für das ehrenamtliche Vorlesen mit öffentlichkeitswirksamen Aktionen werben möchte. Lesungen in Fast-Food-Restaurant mit prominenten Personen des öffentlichen Lebens sollen Menschen anregen, ehrenamtliche Vorlesekreise zu organisieren. Die Idee hinter den Aktionen entspricht der schon lange bekannten Idee der Vorlese-Paten der Stiftung Lesen. „Deutschland liest vor" bietet Ihnen – genau wie die Stiftung Lesen – auf ihrer Homepage die Möglichkeit, Ansprechpartner zu finden, wenn Sie auf der Suche nach Vorlese-Paten sind.
Wenn Sie in Ihrer Einrichtung mehrere Vorlese-Paten haben, die einen Verein gründen möchten, kann „Deutschland liest vor" Ihnen weiterhelfen. Sie können dort Informationen über das Organisieren und Aufrechterhalten ehrenamtlichen Engagement für das Vorlesen bekommen. Die Adresse lautet:

Deutschland liest vor

Geschäftsstelle „Deutschland liest vor"
Schulstraße 99
13347 Berlin
Tel.: 030/45081441
info@deutschland-liest-vor.de
www.deutschland-liest-vor.de

Zeitschriften

In fast allen Zeitschriften finden Sie Buchempfehlungen, speziell solche für Kinder- und Jugendliteratur natürlich vor allem in den Fachzeitschriften für Erzieherinnen. Aber es gibt auch einige Zeitschriften, die sich ausschließlich mit Kinder- und Jugendliteratur beschäftigen und Ihnen helfen, sich einen Überblick über das aktuelle Angebot von Kinder- und Jugendliteratur zu verschaffen.

Bulletin für Jugend + Literatur

Die Zeitschrift erscheint monatlich und stellt jedes Mal eine große Auswahl an Kinder- und Jugendbücher vor. Außerdem gibt es jeden Monat eine thematisch sortierte Zusammenstellung von Kinder- und Jugendbüchern. Bezug über:

Neuland Verlag

Markt 24–26
21502 Geesthacht
Tel.: 04152/81342, Fax 04152/81343
www.neulandverlag.com

Eselsohr

Monatlich erscheinende Fachzeitschrift für Kinder- und Jugendmedien mit dem Schwerpunkt Buch. Bezug über:

Gaby Weichesmüller
Akademiestraße 19
80799 München
Tel.: 089/21011913
info@eselsohr-leseabenteuer.de

JuLit

Vierteljährlich erscheinende Zeitschrift des Arbeitskreises für Jugendliteratur e.V. Bezug über:

Arbeitskreis für Jugendliteratur e.V.
Metzstraße 14c
81667 München
Tel.: 089/4580806, Fax: 089/45808088
www.bkj.de/akj

Außer diesen Zeitschriften, die Sie alle nur abonnieren können, gibt es im Buchhandel verschiedene Zeitschriften, die kostenlos ausliegen. Sie werden zwar vom Buchhandel und den Verlagen selbst herausgegeben, weshalb Sie niemals eine schlechte Bewertung eines Buchs darin finden, aber trotzdem bekommen Sie einen Überblick über die Neuerscheinungen und das Thema eines Buchs. In all diesen kostenlosen Zeitschriften finden Sie auch eine Rubrik für Kinder- und Jugendbücher.

Quergelesen

Literatursendung

Auf dem Kinderkanal gibt es die Sendung „Quergelesen", in der Bücher für Kinder und Jugendliche vorgestellt werden. Die Besprechungen geben Ihnen Hinweise, welche Bücher, Sie für Ihre Arbeit nutzen können. Außer der Sendung, die jeden ersten Sonntag im Monat läuft, finden Sie auf der Homepage zur Sendung alle Besprechungen und Infos rund um die vorgestellten Bücher.

www.rbb-online.de/_/quergelesen/gelesen_jsp.html